reinhardt

Abb. 1: Maria Montessori (1870–1952) (Quelle: Nienhuis Montessori International B. V.)

Ingeborg Hedderich

Einführung in die Montessori-Pädagogik

Theoretische Grundlagen und praktische Anwendung

3., aktualisierte Auflage
Mit 49 Abbildungen

Ernst Reinhardt Verlag München Basel

Prof. Dr. päd. *Ingeborg Hedderich*, Professorin für Sonderpädagogik an der Universität Zürich. Zu ihren Schwerpunkten in Fort- und Weiterbildung zählt auch die Montessori-Pädagogik.

Von Ingeborg Hedderich sind bisher im Ernst Reinhardt Verlag erschienen:
Bewegung und Lagerung im Unterricht mit schwerstbehinderten Kindern. 1998 (zusammen mit Elisabeth Dehlinger)
Einführung in die Körperbehindertenpädagogik. 2. Auflage, 2006. UTB-M

Bibliografische Information der Deutschen Bibliothek

Die Deutsche Bibliothek verzeichnet diese Publikation in der Deutschen Nationalbibliografie; detaillierte bibliografische Daten sind im Internet über <http://dnb.ddb.de> abrufbar.
ISBN 978-3-497-02253-3 (Print)
ISBN 978-3-497-60008-3 (E-Book)
3., aktualisierte Auflage

Printed in Germany
Reihenkonzeption Umschlag: Oliver Linke, Augsburg
Covermotiv: Susanne Rother
Satz: ew print & medien service gmbh, Würzburg

Ernst Reinhardt Verlag, Kemnatenstr. 46, D-80639 München
Net: www.reinhardt-verlag.de   Mail: info@reinhardt-verlag.de

Inhalt

Für Hannah, Maja und Mika

Vorwort zur 3. Auflage

Kindertageseinrichtungen und Schulen sind im letzten Jahrzehnt in das Zentrum der bildungspolitischen Diskussion gerückt. In diesem Zusammenhang ist auch die Frage nach dem Aktualitätsgrad der Montessori-Pädagogik wieder neu zu stellen. Welchen Beitrag vermag diese pädagogische Bewegung, die mit der Gründung eines ersten Kinderhauses 1907 in Rom ihren Anfang nahm, zur Bewältigung von Bildung und Erziehung im 21. Jahrhundert zu leisten?

Für die 3. Auflage wurden Text- und Bildteil aktualisiert und ein neues Kapitel ergänzt, welches die Herausforderungen im Bildungssystem skizziert. Mein Dank gilt an dieser Stelle den zwei „neuen Fotomodellen“ Maja und Mika, die nun gemeinsam mit Hannah, die bereits in der ersten Auflage mitwirkte, die Montessori-Materialien präsentieren. Wie schon bei Hannah, so zeigte sich auch bei Maja und Mika während der Fotoaufnahmen das gleiche Phänomen: Obwohl ihnen die Montessori-Materialien unbekannt waren, entdeckten sie handelnd bald deren Faszination.

Zürich-Jestetten
Im April 2011 Ingeborg Hedderich

Vorwort zur 1. Auflage

Im Gegensatz zu vielen pädagogischen Theorien und Konzeptionen lässt sich die Montessori-Pädagogik als ein den ganzen Menschen in seiner Individualität, in seinen biologischen, kognitiven, sozialen, ökologischen, bis hin zu seinen religiösen Lebensbedingungen und Aufgaben umspannender anthropologischer Gesamtentwurf verstehen. Die Schwierigkeit beginnt aber oft schon dort, wenn es darum geht, sich zu verständigen, was unter der Montessori-Pädagogik verstanden werden soll. Ist sie nur Historie? Oder gar nur Praxismethode?

Siegeszug und Massenwirkung der Montessori-Pädagogik tragen einen etwas bitteren Beigeschmack. Publikationen lassen sich wahrlich auf Büchertischen stapeln. Die Sekundärliteratur betrachtet entweder oft nur die Theorie oder, was sehr viel häufiger vorkommt, nur die Praxis. Beide Bereiche bilden aber eine untrennbare Einheit. Es gilt, die immer noch bestehende Kluft zwischen Theorie und Praxis zu überbrücken. Die Montessori-Pädagogik sollte nicht unzulässig zur Praxismethode oder gar zu methodischen Prinzipien verkürzt werden. Es gilt, Maria Montessoris Bild vom Kind, ihre Anthropologie zu verstehen, um ihre Pädagogik in der Praxis umsetzen zu können. Aber auch die Theorie, das Bild vom Kind, gehört auf den Prüfstand der heutigen Zeit. So sollte es zu fragen erlaubt sein, ob die anthropologischen Grundlagen noch zeitgemäß sind und inwiefern sie einer Weiterentwicklung bedürfen. Es ist Zeit für Bestandsaufnahme und Kritik.

Die Montessori-Pädagogik ist „Dauerbrenner" und hat „Breitenwirkung". Sie scheint genau jene Wünsche zu erfüllen, die die gegenwärtige Pädagogik oftmals offenlässt oder glaubt, nicht mehr erfüllen zu können. Die Montessori-Pädagogik bietet eine umfassende theoretisch-begründete Pädagogik an und hält zugleich Erziehungskonzeption und Praxismethode bereit. Ihre Basis ist eine einfache und sehr menschliche Grundidee: „Achtung und Liebe für das Kind."

Zunächst gilt es, im 1. Kapitel Leben und Werk von Maria Montessori zu skizzieren. Das 2. Kapitel beleuchtet den historischen Hintergrund der Reformpädagogik. Die anschließenden zwei Kapitel haben die Aufgabe, sowohl in die theoretischen Grundlagen als auch in die Erziehungskonzeption der Montessori-Pädagogik einzuführen. Nachfolgend wird eine Auswahl der Montessori-Materialien anschaulich illustriert. Auch kreative Aspekte im Umgang mit den Materialien und notwendige Abwandlungen und Erweiterungen werden betrachtet. Zentral ist darüber hinaus die Fragestellung: In welchen Formen wird die Montessori-Pädagogik in der heutigen Zeit praktiziert? Zunächst rücken die traditionellen Montessori-Einrichtungen ins Blickfeld. Anschließend wird das didaktische Prinzip der Freien Arbeit betrachtet, welches in der Unterrichtsorganisation von Regel- und Förderschulen und im Rahmen der schulischen Integration eine zunehmende Bedeutung einnimmt. Abschließend soll auch die theoretische Perspektive eine Erweiterung erfahren. Erläutert werden nicht nur empirische Untersuchungsergebnisse zur Montessori-Pädagogik, sondern auch ihre pädagogische Aktualität und ihre internationale Entwicklung. Abgerundet wird das Buch durch einen Ausblick auf die Montessori-Pädagogik im 21. Jahrhundert.

Dieses Buch richtet sich an Studierende der Sonder- und Heilpädagogik, der Sozialpädagogik, der Pädagogik und Psychologie, an LehrerInnen und ErzieherInnen in Fort- und Weiterbildung und an interessierte Eltern, die einen ersten Einblick sowohl in die Theorie als auch in die Praxis der Montessori-Pädagogik gewinnen möchten. Es liegt auf der Hand, dass dieses Buch nicht die Lektüre der Primärliteratur ersetzen kann und will. Von Maria Montessori selbst liegt ein sehr umfangreiches Werk vor, das zu großen Teilen in die deutsche Sprache übersetzt wurde. Ebenso deutlich muss gesagt werden, dass die Lektüre eines einführenden Buches natürlich keinen Montessori-Diplom-Kurs ersetzen kann. Die Beobachtung des Kindes im Rahmen von Hospitationen ist zentrales Element der Montessori-Pädagogik. Dieses Buch kann und will grundlegend einführen und zu einer vertiefenden Auseinandersetzung anregen.

Ich bedanke mich bei Frau Heidi Brüche und bei Frau Anke Zießmer für die Erstellung des Typoskriptes. Mein Dank gilt auch Frau Eileen Sahlmann, Frau Susanne Voigtländer und Frau Friederike Ulisch. Im Rahmen meines Workshops zur Montessori-Pädagogik erstellten sie Fotos über Montessori-Materialien nebst den dazugehörigen Materialbeschreibungen. Das „geballte kreative Potential" von drei Studentinnen des Studienganges Heilpädagogik und Rehabilitation der Hochschule Magdeburg-Stendal (FH) liegt also Kapitel 5 zugrunde. Ein ganz persönliches und herzliches „Dankeschön" sage ich an dieser Stelle unserem „kleinen Fotomodell" Hannah. Obwohl ihr die Montessori-Materialien unbekannt waren, entdeckte sie im kritischen und kreativen Umgang bald deren Faszination.

Magdeburg-Halberstadt,
im November 2000 — Ingeborg Hedderich

1 Maria Montessori – Biografie einer außergewöhnlichen Frau

> „Maria Montessori ist viel komplizierter und interessanter als die Gipsheilige, zu der ihre ergebenen Anhänger sie gemacht haben. Unter all der fast mystischen Verehrung, der Heiligenlegende, die als Biografie ausgegeben wurde, steckt eine zähe, intelligente Frau, die zumindest in ihrer Jugend Dinge dachte und tat, die niemand vorher in den Sinn gekommen waren." (Kramer 1997, 13)

Obwohl der Beruf Erzieher/Erzieherin fast ausschließlich von Frauen ausgeübt wird, sind Frauen in den Theorien der Erziehung sehr selten vertreten. Die Geschichte der Pädagogik hat nur eine weibliche Klassikerin zu verzeichnen: Maria Montessori; sie hat eine Erziehungskonzeption entwickelt, die auch im 21. Jahrhundert nichts an Aktualität verloren hat.

Die Betrachtung ihres Lebens stellt uns jedoch vor einige Schwierigkeiten, da Maria Montessori selbst keine Autobiografie geschrieben hat und nur wenige Biografien vorliegen. Genannt werden sollen die biografischen Arbeiten von Kramer (1997) und von Hebenstreit (1999), die diesem Kapitel zugrundegelegt werden. Beschreibungen, die über ihr Leben Auskunft geben, polarisieren häufig sehr stark. Entweder wird ihrer Erziehungskonzeption euphorische Begeisterung entgegengebracht oder sie wird in vernichtender Weise kritisiert. Dies muss bei der nachfolgenden Beschreibung ihres Lebens berücksichtigt werden. Viele Aspekte ihres Lebens werden uns verborgen bleiben, und das Wiederzugebende lässt sich häufig nicht exakt belegen.

Geboren wird Maria Montessori am 31. August 1870 in Chiaravalle bei Ancona. Wenige Jahre später zieht die Familie nach Rom. Ihr Vater wird als Mann geschildert, der bemüht ist, die traditionelle Rollenaufteilung in der Familie aufrechtzuerhalten. Diese Versuche sind jedoch wenig erfolgreich. Schon früh zeigt Maria Montessori eine ausgeprägte mathematisch-naturwissenschaftliche Begabung.

Sie besucht eine technische Oberschule für Jungen und möchte Ingenieurin werden. Einen Gegenpol zum traditionell geprägten Vater, so erfahren wir, bildet die Mutter, Renilde Stoppani. Sie verbindet mit ihrem einzigen Kind die Hoffnung an eine „Frauenemanzipation", die sie selbst nie erreichen konnte. Folglich unterstützt sie ihre Tochter in ihren Bemühungen, aus den traditionellen Rollenmustern auszubrechen und in einer Welt, die sehr stark von Männern bestimmt wird, als Frau Karriere zu machen.

Gegen Ende der Schulzeit erwacht in Maria Montessori der Wunsch, Medizin zu studieren und Ärztin zu werden. Dieser Wunsch ist in der damaligen Zeit mehr als ungewöhnlich. Allein die Vorstellung, dass eine weibliche Studentin gemeinsam mit ihren männlichen Kommilitonen Leichen seziert, scheint unmöglich. Das Medizinstudium ist in Italien zu dieser Zeit nur Männern zugänglich. Während des Studiums wird sie mit harten Auflagen belegt. So darf sie beispielsweise den Hörsaal erst nach den männlichen Studenten betreten, was zur Folge hat, dass sie nur in den hinteren Reihen Platz findet oder stehen muss. Auch muss sie ihre anatomischen Übungen alleine durchführen. Das Sezieren von Leichen ist ihr nur am späten Abend oder in der Nacht erlaubt.

Maria Montessori ist 26 Jahre alt, als sie ihre Ausbildung zur Ärztin abschließt. 1896 wird sie als erste Ärztin Italiens promoviert und tritt die Stelle einer Assistenzärztin an der Psychiatrischen Universitätsklinik in Rom an. Maria Montessori ist eine engagierte junge Frau, die sich für soziale Gerechtigkeit und für bessere Erziehungsbedingungen für Kinder einsetzt. Sie hält viele öffentlichkeitswirksame Vorträge und wird als charismatische Frau geschildert. Darüber hinaus betreibt sie eine private Arztpraxis.

Eine bedeutsame Anekdote, die sie ihrer pädagogischen Berufung näherbringt, rankt sich um ihre Tätigkeit in der Psychiatrischen Universitätsklinik. Dort werden ihr geistig behinderte Kinder vorgeführt, die gemeinsam mit psychotischen Erwachsenen in einem Gefängnis untergebracht sind. Die Wärterin sieht in diesen Kindern Tiere mit „abnormem Fressverhalten", da sie mit den Brotresten spielen. Maria Montessori dagegen erkennt hier das Bedürfnis der Kinder, sich in einem leeren Raum geistige Anregung zu verschaffen.

Maria Montessori studiert die Schriften von Jean Marc Gaspard Itard (1774–1838) und Eduard Seguin (1812–1880). Beide Ärzte hatten zu Beginn des 19. Jahrhunderts bahnbrechende Arbeiten zur Erziehung geistig behinderter Kinder geleistet. Maria Montessori

Abb. 2: Lebensabend (Quelle: Nienhuis Montessori International B. V.)

wendet sich den Sinnesmaterialien von Seguin zu, entwickelt sie weiter bis hin zu der Form, die heute noch als Montessori-Material in Kinderhäusern und Schulen zum Einsatz kommt. Ende des 19. Jahrhunderts übernimmt sie die Leitung des neugegründeten Heilpädagogischen Institutes in Rom. Nach zwei Jahren bricht sie diese Tätigkeit plötzlich ab, worüber vielfach spekuliert worden ist. Festzuhalten bleibt, dass Maria Montessori sich in einen Kollegen verliebt und schwanger wird. Die uneheliche Schwangerschaft und Geburt eines Sohnes werden vor der Öffentlichkeit geheimgehalten. Der Sohn, Mario, wird zu einer Pflegefamilie aufs Land gegeben und wächst ab seinem siebten Lebensjahr in einem Internat in Florenz auf. Erst nach dem Tod ihrer Mutter nimmt sie ihn als Jugendlichen bei sich auf. Mario Montessori wird später eine wertvolle Stütze für seine Mutter und führt das Werk fort.

Doch verfolgen wir den Lebensweg von Maria Montessori weiterhin chronologisch. In San Lorenzo, einem vernachlässigten Viertel in Rom, entstehen Wohnungen für bedürftige Familien und ein Hort für die Kinder. Maria Montessori wird gebeten, die konzeptionellen Grundlagen für die entstehenden Kindereinrichtungen zu

Abb. 3: Grabstein von Maria Montessori in Noordwijk

schaffen. Hierin ist der Grundstein ihres nun folgenden beruflichen Lebensweges auf dem Gebiet der Pädagogik zu sehen. Maria Montessori kann ihre Erziehungsmethoden bei nichtbehinderten Kindern probeweise anwenden. 1907 wird ihr erstes Kinderhaus (Casa dei Bambini) eröffnet. Es sollte keine Betreuungseinrichtung sein, sondern ein „Haus der Kinder“. Als Leiterin dieser Einrichtung wurde keine Lehrerin oder Erzieherin eingesetzt, sondern die Tochter des Hausmeisters, weil sie die klassische Lehrerausbildung als zu sehr von der „alten Schule“ beeinflusst kritisierte. In diesem Kinderhaus hat Maria Montessori ihr „pädagogisches Urerlebnis“, welches als „Polarisation der Aufmerksamkeit“ einen zentralen Kern ihrer Pädagogik bilden wird. Sie beobachtet ein kleines Mädchen, das intensiv mit einem Sinnesmaterial beschäftigt ist. Es lässt sich in seiner Übung durch nichts stören, und nachdem es die Aufgabe nach längerer Zeit bewältigt hat, zeigt es tiefe Zufriedenheit.

Bei den behinderten Kindern hat Maria Montessori immer wieder erlebt, dass sie zu einer Tätigkeit motiviert werden mussten. Jetzt erlebt sie, dass alle Kinder eigenaktiv arbeiten können und wollen. Kinder tragen in sich die Kraft, ihre Entwicklung voranzutreiben.

Werden Kindern geeignete Materialien gegeben, dann arbeiten sie freiwillig, konzentriert und motiviert.

1909 schreibt Maria Montessori ihr erstes Buch in nur wenigen Wochen. Der italienische Originaltitel lautet: „Il methodo della pedagogica" („Die Methode der wissenschaftlichen Pädagogik"). In der deutschen Übersetzung trägt das Buch 1913 den Titel „Selbsttätige Erziehung im frühen Kindesalter" (heutiger Titel: „Die Entdeckung des Kindes"). Maria Montessori gibt ihre Praxis als Ärztin auf und konzentriert sich auf die Ausbildung von Erzieherinnen. Maria Montessori ist knapp 40 Jahre alt, hat den Grundstein für eine neue Erziehungslehre gelegt, ist in Italien eine öffentliche Person und beginnt, auch im Ausland bekannt zu werden. Sie setzt sich mit großer Energie für ihre Ideen ein: schreibt Bücher, kurze Artikel, gibt Interviews, hält zahlreiche Vorträge und schafft die organisatorischen Strukturen, in denen sich ihre Einrichtungen ausbreiten können.

In vielen Ländern entstehen nationale Montessori-Gesellschaften mit dem Ziel, die Ausbreitung ihrer Pädagogik voranzutreiben. 1929 erfolgt ein Zusammenschluss der nationalen Vereine zur Association Montessori International (AMI).

In ihrer zweiten Lebenshälfte konzentriert sich Maria Montessori auf die Ausbildung von Erzieherinnen, wobei Inhalte und Durchführung derartiger Lehrgänge ausschließlich ihr selbst obliegen. Die Ausbildung erfolgt in Form von Kursen, Vorträgen, Materialübungen und Hospitationen mit Diplomabschluss; diese Organisationsstruktur wird auch heute noch so beibehalten.

Einen Rückschlag erlebt die Montessori-Pädagogik zur Zeit des Faschismus. Die Einrichtungen werden geschlossen und die Bücher von Maria Montessori verbrannt. Während des zweiten Weltkrieges hält sie sich in Indien auf. 1949 kehrt sie nach Europa zurück und nimmt ihren Wohnsitz in den Niederlanden, dem Sitz der Internationalen Montessori-Vereinigung. Am 6. Mai 1952 stirbt Maria Montessori im Alter von 82 Jahren in Noordwijk aan Zee, wo sie einige Urlaubstage verbringen wollte. Noch kurz vor ihrem Tod soll sie die Idee gehabt haben, nach Afrika zu gehen, um am Aufbau eines Erziehungswesens mitzuarbeiten. In Noordwijk aan Zee wird sie in einem kreisförmigen Grabmal unter hohen Laubbäumen beigesetzt. Der Grabstein trägt in italienischer Sprache folgenden Wortlaut:

„Ich bitte die lieben Kinder, die alles können, mit mir zusammen für den Aufbau des Friedens zwischen den Menschen und in der Welt zu arbeiten."

Nach ihrem Tod wird die Arbeit von ihrem Sohn Mario und den Enkeln Mario und Renilde fortgesetzt. Die internationale Verbreitung und Weiterentwicklung ihrer Pädagogik erfolgt insbesondere durch Anna Maccheroni und Helen Parkhurst. Als Begründerin der deutschen Montessori-Pädagogik gilt ab 1918 Clara Grunwald. Sie wird die erste Präsidentin der Deutschen Montessori-Gesellschaft und wirkt entscheidend mit an der Eröffnung von Kinderhäusern und Montessori-Schulen. Nach dem 2. Weltkrieg ist es dann das große Verdienst von Helene Helming und Paul Scheid, eine „Wiederbelebung" der Montessori-Pädagogik in Deutschland herbeigeführt zu haben. Beide hatten ihre Ausbildung noch bei Maria Montessori persönlich erhalten.

So gründete Paul Scheid gemeinsam mit Mario Montessori die deutsche Montessori-Gesellschaft in Frankfurt/Main neu. Zentren des Wiederaufbaus waren Berlin, Nordrhein-Westfalen, Frankfurt/Main und München. Seit Mitte der 1980er Jahre bis in die Gegenwart hinein erfolgt in Deutschland eine beachtliche Ausweitung der Montessori-Pädagogik. Dies gilt ab Anfang der 1990er Jahre auch für die neuen Bundesländer, wo die Montessori-Pädagogik in den Studiengängen der Lehrer- und Erzieherausbildung in der ehemaligen DDR nicht vertreten war. In den meisten Bundesländern haben sich mittlerweile Landesverbände etabliert, die der landesspezifischen Verbreitung der Montessori-Pädagogik, der Vernetzung, der Interessenvertretung und der Fortbildung dienen. Als „Verband der Verbände" fungiert der Montessori-Dachverband Deutschland, dieser ging 2004 aus der 1971 gegründeten „Aktionsgemeinschaft deutscher Montessori-Vereine" hervor. Nach Schätzungen der internationalen Dachorganisation der Montessori-Pädagogik (Association Montessori International) existieren heute in 110 Ländern der Welt rund 22 000 Montessori-Einrichtungen. Circa 660 000 Kinder und Jugendliche werden in Kinderhäusern, Grundschulen und weiterführenden Schulen nach den pädagogischen Grundsätzen Maria Montessoris erzogen und unterrichtet.

2 Das Jahrhundert des Kindes – Die Reformpädagogik

Die Montessori-Pädagogik lässt sich der Reformpädagogik zwischen 1890 und 1933 zuordnen, die das gesamte Erziehungs- und Bildungswesen umfasste. In der historischen Betrachtung wurde die Reformpädagogik lange Zeit als eine von unterschiedlichen Strömungen getragene epochale Bewegung angesehen. Die neuere historische Forschung belegt jedoch, dass es diese historisch unterscheidbare Epoche nicht gegeben hat (Böhm u. Oelkers 1999). Vielmehr standen die maßgeblichen RepräsentantInnen der Reformpädagogik insbesondere in der Tradition des pädagogischen Denkens von Jean Jacques Rousseau (1712–1778) und Johann Heinrich Pestalozzi (1746–1827).

Rousseau beeinflusste mit seinem Erziehungsroman „Emile" entscheidend die Diskussion über Erziehungsfragen und Bildung des Menschen im 18. Jahrhundert. Emile ist ein „erdachter" Zögling, der ein naturbezogenes Leben auf dem Land führt. Bildungsideal ist der ursprünglich von Natur aus unverdorbene Mensch. Rousseau fordert, die Kindheit als eigene Lebensphase zu achten und anzuerkennen. Er wandte sich gegen ein Verständnis von Bildung als Bücherwissen. Nicht Bildung aus Büchern, sondern die Entfaltung und Schulung der Sinne waren Bildungsideal.

Seine Ideen wurden von Johann Heinrich Pestalozzi wieder aufgegriffen. Pestalozzi hinterließ eine Vielzahl von Schriften, in denen die Bildung des Menschen zentrales Thema ist. Im Mittelpunkt seiner Pädagogik steht der Mensch in seiner Individualbestimmung, der anthropologische Auftrag, zu sich selbst zu kommen und die Beziehung zu Gott. Zentrale Elemente seiner Pädagogik sind: Armenerziehung, Elementarbildung, Schaffung einer neuen Schule, Bildung von Kopf, Herz und Hand. Das Gleichgewicht einer Bildung von Kopf, Herz und Hand ist für Pestalozzi Ziel und Methode zugleich. Sein Plädoyer galt einer umfassend praktischen Bildung. Er verweist insbesondere auf die Gefahr verbal aufgeblähter wissenschaftlicher Texte, die den Zugang zum Gegenstand eher verschleiern als erleichtern.

Das Neue der Reformpädagogik wird in der pädagogischen Reflexion auf die historisch-gesellschaftliche Situation gesehen, aus der eine Vielfalt unterschiedlicher Ansätze zur Erneuerung von Schule und Erziehung hervorgingen. Insbesondere wurde der um 1900 abgeschlossene Aufbau eines bürokratisierten und selektiven Schulsystems kritisiert. Darüber hinaus stand aber auch der mit dem Zeitalter der Industrialisierung einhergehende gesamtgesellschaftliche Umbruch in der Kritik.

Bildungskritik im ausgehenden 19. Jahrhundert

Das im Jahr 1900 erschienene Buch der Schwedin Ellen Key „Das Jahrhundert des Kindes“ wird als Anfang der Reformpädagogik bezeichnet (Scheibe 1999). Das Ende der Reformpädagogik ist mit der Machtergreifung des Nationalsozialismus zu datieren. Die Anfänge der „pädagogischen Revolution“ liegen – wie bereits erwähnt – im 18. und 19. Jahrhundert vor allem bei Rousseau und Pestalozzi. Gemeinsames Merkmal der genannten Konzeptionen war, dass sie weniger von Kultur und Gesellschaft ausgingen, als vielmehr den jungen heranwachsenden Menschen ins Zentrum der Betrachtung rückten, insbesondere das erste Lebensjahrzehnt. Die vorrangigen pädagogischen Forderungen der ReformerInnen sind darin zu sehen, die Individualität des Kindes zu respektieren, es zu beobachten und zu lernen, es zu verstehen. Die „alte Schule“, wie sie genannt wurde, erhielt von den ReformerInnen vernichtende Kritik. Alle Neuansätze standen im Gegensatz zur traditionell öffentlichen Schule. Hierbei ging es nicht um unterrichtliche Einzelfragen, sondern um die Gesamtwirkung der Schule auf die SchülerInnen in allen Altersstufen. Eine breite Angriffsfront richtete sich gegen die Herrschaft des Lehrstoffes in der Schule (auch Stoffschule genannt). Gemeint war sowohl die Stofffülle, die lebensfremde Stoffauswahl und die Stoffvermittlung über das Medium Buch.

Die „alte Schule“ zu reformieren, war das vorherrschende Thema der ReformpädagogInnen. Reformpädagogisches Denken und Handeln war verbunden mit Vorstellungen von einer entbürokratisierten Schule, von freiheitlich demokratischen Lebensverhältnissen und liberalen, kindorientierten Bildungsidealen. An die Stelle der „rationalen Zwecken dienenden Anstalt“ sollte die lebendige Schulgemeinschaft treten. Im kritischen Gegensatz zur alten „Lernschule“, bei der sich das Kind in der Position des passiv Aufnehmenden befunden hatte, wurde die Aufgabe der neuen Schule darin gesehen, die aktiven Kräfte des Kindes zu wecken, zu aktivieren und zu fördern.

Die einzigartige Hinwendung zum Kind ist übergeordnetes Charakteristikum der Reformpädagogik. Zentral war die Forderung, dem Kind im beginnenden 20. Jahrhundert die ihm zustehenden Rechte zu geben. In erster Linie wurde die Abschaffung der Prügelstrafe gefordert. Die Reformpädagogik beruhte auf einer neuen anthropologischen Sichtweise des Kindes. Dieses neue Bild enthielt die folgenden Züge: Das Kind ist nicht als kleiner Erwachsener zu sehen. Es stellt eine eigene, besondere Form des Lebens dar und hat seine eigene Würde. Jedes Kind ist ein Individuum und sollte als solches respektiert werden. Alle Erziehung hat ihren Ausgang vom Kinde her zu nehmen.

Ertrag der Reformpädagogik für das 21. Jahrhundert

Kaum eine historische Epoche ist in der erziehungswissenschaftlichen Diskussion so umstritten wie die Reformpädagogik. Dies gilt für einzelne Richtungen ebenso wie für Bilanzierungsversuche hinsichtlich Bedeutung und Wirksamkeit der gesamten Bewegung. Die Reformpädagogik ist ein sowohl nationales als auch internationales Phänomen, das durch theoretisch uneinheitliche Ansätze geprägt ist. Das Hauptmotiv der Reformpädagogik besteht in dem Versuch, einer ‚neuen Erziehungsauffassung' zum Durchbruch zu verhelfen und die Anliegen des Kindes ins Zentrum zu stellen. Es war die Zeit vieler Versuchsschulen, der Schulneugründungen, jedoch Millionen Kinder besuchten weiterhin die alte Schule der Kaiserzeit. Die Jena-Plan-Schule von Peter Petersen (1884–1952) mit jahrgangsübergreifendem Unterricht, Wochenarbeitsplan und Gruppenarbeit ist wohl das herausragenste Beispiel jener Zeit.

Die reformpädagogische Bewegung ist im Hinblick auf ihre wirklichen Erneuerungen aber auch nicht zu idealisieren und zu überschätzen. Darüber hinaus nimmt die Reformpädagogik sehr wohl auch Stränge einer Reformdiskussion vor der Jahrhundertwende auf, und steht so in einer gewissen Kontinuität. Den genannten Aspekten keine Beachtung zu schenken, ist der entscheidende Kritikpunkt, welcher der Reformpädagogik in der pädagogischen Literatur zuteil wird. Die Reformpädagogik erhält aber auch im 21. Jahrhundert eine besondere Bedeutung, da wir uns mit den gleichen Grundfragen einer humanen, kindgerechten Schule beschäftigen.

Zur Vertiefung im Selbststudium wird folgende Literatur empfohlen:

Scheibe (1999): Die reformpädagogische Bewegung. Eine einführende Darstellung.
Winkel (1993): Reformpädagogik konkret.
Böhm/Oelkers (1999): Reformpädagogik kontrovers.
Skiera (2010): Reformpädagogik in Geschichte und Gegenwart. Eine kritische Einführung.

Die Montessori-Pädagogik ist in den hier skizzierten historischen Hintergrund der Reformpädagogik einzuordnen. Auch ihrer Pädagogik ist eine ausgeprägte Hinwendung zum Kind eigen. Wir werden im Folgenden eine Pädagogik der konkreten Erfahrung und konsequenten Individualisierung erleben, die von dem Phänomen der Konzentration und intrinsischen Motivation ausgeht.

3 Herausforderungen im Bildungssystem des 21. Jahrhunderts

> „In deutschen Bildungssystemen treffen Kinder bzw. Heranwachsende auf umso besser qualifiziertes pädagogisches Personal, je älter sie werden. Das heißt umgekehrt: Sie treffen, je jünger sie sind, auf umso geringer qualifiziertes Personal." (Pasternack 2007, 12)

Herausforderungen des Bildungssystems werden in der pädagogischen Literatur in einem engen Zusammenhang mit einer „veränderten Kindheit" und einer „Kindheit im Wandel" diskutiert. So führten Geburtenrückgang und Strukturveränderungen der bebauten Umgebung in der 2. Hälfte des 20. Jahrhunderts dazu, dass soziale Kontakte zwischen Kindern außerhalb von Kindergarten und Schule weniger häufig sind, als in früheren Jahrzehnten. Darüber hinaus erschwert die veränderte Lebensumwelt unmittelbar sinnlich-gegenständliche Erfahrungen; Kinderleben wird zunehmend häufiger durch Bewegungsarmut geprägt. Kindergarten und Grundschule haben sich auf diese Veränderungen im Kinderalltag einzustellen, um ihren Erziehungs- und Bildungsauftrag zu erfüllen.

Bildungsauftrag der Kindertageseinrichtung

Seit den Veröffentlichungen der Ergebnisse der PISA-Studien (Programme For International Student Assessment), wird in Deutschland gefordert, der Förderung und Bildung von Kindern in der frühsten Kindheit eine hohe Bedeutung beizumessen. Tageseinrichtungen erhalten einen Bildungsauftrag, Bundesländer einigen sich auf Bildungsvereinbarungen, die Professionalisierung von Erzieherinnen wird gefordert, das Recht auf einen Kindergartenplatz ab dem 1. Lebensjahr wird artikuliert. Bergs-Winkels (2007, 102–104) zeichnet die aktuelle Bildungsdebatte nach. Für die Neukonzeptualisierung frühkindlicher Bildungseinrichtungen sind verschiedene Merkmale prägend. Zunächst stellt sich die Frage nach den Bildungsinhalten, die der Entwicklung der Gesamtpersönlichkeit förderlich sein sollen. Darüber hinaus gilt die Förderung von Chancengleichheit bzw. Chancengerechtigkeit, und zwar unabhängig von familiärer Herkunft. Grundlage ist hierbei ein kompetenzorientierter, ganzheitlicher Blick auf die kindliche Entwicklung und eine Ausrichtung des erzieherischen Handelns auf die Stärken und nicht auf die Defizite.

Bei der Qualitätssicherung von Kindertageseinrichtungen geht es in erster Linie um die Schaffung von Rahmenbedingungen und Instrumenten zur Prüfung der Qualität. In allen Bundesländern Deutschlands wurden in Folge der Bildungsdebatten Bildungsvereinbarungen für den Elementarbereich festgeschrieben. Sie sind Grundlage einer regelmäßigen Bildungsdokumentation des Kindes und bieten den Ausgangspunkt für die individuelle Förderung von Fähigkeiten. Dabei ist die beobachtende Wahrnehmung jedes einzelnen Kindes die Basis der gezielten Bildungsarbeit. Methodisch sollen Ziele über Lernarrangements realisiert werden, die den Bezug zur Lebenswelt von Kindern in den Mittelpunkt stellen. Der gesamte Lernprozess bezieht sich hierbei nicht nur auf die Institution der Kindertageseinrichtung, sondern wird auch mit außerinstitutionellen Lern- und Lebenswelten der Kinder vernetzt. In Anlehnung an Wehrmann (2003, 295–297) lässt sich der eigenständige Bildungsauftrag von Kindertageseinrichtungen wie folgt zusammenfassen:

1. Der Elementarbereich ist ein eigenständiger Bildungsbereich. Kinder sind nicht nur Teil ihrer Familien, sondern eigenständige Personen innerhalb ihrer Familien. Kindheit ist eine eigenständige Lebensphase, in der ein Anspruch auf eigene Rechte besteht.
2. Kinder müssen für ihre Bildungsprozesse die Möglichkeit haben, eigenständig zu handeln, zu experimentieren und zu kooperieren. Sie brauchen vielfältige Anregungen um freudvoll zu lernen. Sie benötigen Zeit, Raum und kompetente Unterstützung durch qualifiziertes Fachpersonal.
3. Kinder müssen mitbestimmen und teilhaben können. Kindergärten bieten Kindern unterschiedlicher Herkunft Zeit und Raum, das Miteinanderleben zu lernen.
4. Familien sind nach wie vor die wichtigsten Lernorte für Kinder außerhalb der Bildungseinrichtungen. Kindergärten sind Orte der Begegnung, in denen die Kooperation mit den Eltern in Erziehung und Bildung verwirklicht wird.

Grundschule im Wandel

Es waren ebenfalls die Ergebnisse von PISA, die auf grundsätzliche Probleme des deutschen Bildungssystems hingewiesen haben, zum Beispiel darauf, dass das Bildungssystem in Deutschland gegenüber anderen Ländern durch ein besonders hohes Maß an Zersplitterung in unterschiedliche Schultypen geprägt ist. Knauf (2009, 26) listet die Problemsektoren des deutschen Schulsystems im internationalen Vergleich auf. Hervorzuheben ist zunächst die scharfe Trennung zwischen und Elementar- und Primarbereich. Hinzu kommt ein Festhalten an einem traditionellen, stoffbezogenen Bildungsbegriff. Zu betonen ist auch eine im internationalen Vergleich ausbaufähige Lernkultur, da Differenzierungs- und Individualisierungschancen nur auf der Basis persönlichen Engagements der Lehrenden genutzt werden. Eine neue Lernkultur zu entwickeln, heißt zunächst einmal, Kinder als kompetente Akteure ihrer Entwicklung zu begreifen. Darüber hinaus hat eine neue Lernkultur folgende Teilelemente zu berücksichtigen:

- Selbststeuerung der Lernenden,
- Akzeptanz der Verschiedenheit des Lernens,
- positive Sicht auf Fehler,
- Förderung der Reflektion über Lernen,
- Integration von Wissen,
- Verstehen von Zusammenhängen und Aufbau von
- Handlungskompetenz.

Kernstück einer neuen, offenen Lernkultur ist ein Offener Unterricht. Er ermöglicht die Berücksichtigung sowohl individueller Lerntypen als auch spezieller Lerninteressen, Lernstile und Lerntempi. Darüber hinaus ist er auf die Stärkung der Eigenverantwortung der Kinder für ihre Lernprozesse und auf Selbstständigkeit und Selbsttätigkeit des Lernens ausgerichtet.

Im letzten Drittel des 20. Jahrhunderts hat der Integrationsauftrag die Grundschule neu definiert. Zu Beginn des 21. Jahrhunderts ist die Herausforderung einer inklusiven Schule, im Sinne einer Schule für alle Kinder, hinzugetreten. Im Hinblick auf das verstärkte Zusammenwachsen der Nationen in Europa, stehen multikulturelle Lernsituationen zudem im Zentrum der Grundschule. Die Grundschule muss einer Internationalisierung der Lebensbedingungen ihrer Schülerschaft Rechnung tragen. In diesem Zusammenhang ist auch die Einführung einer Fremdsprache Bestandteil eines interkulturellen Schulkonzeptes. Dieser gewandelten Herausforderung kann die Grundschule wie bereits skizziert nur durch offene Formen des Lernens und des Unterrichtens entsprechen (siehe Kapitel 8).

Zur Vertiefung der Problemskizze sei folgende Literatur empfohlen:

Fröhlich-Gildhoff, Nentwig-Gesemann, Schnadt (Hrsg.) (2007): Neue Wege gehen – Entwicklungsfelder der Frühpädagogik.

Knauf (2009): Einführung in die Grundschuldidaktik. Lernen, Entwicklungsförderung und Erfahrungswelten in der Primarstufe.

Welche Impulse vermag die Montessori-Pädagogik zur Lösung der pädagogischen Herausforderungen des 21. Jahrhunderts zu geben? Diese Frage soll Sie bei der Lektüre der nun folgenden Kapitel begleiten.

4 Das Kind verstehen – Theoretische Grundlagen der Montessori-Pädagogik

„Die wahre lebendige und die dynamisch schöpferische Kraft der Kinder blieb über Jahrtausende unbekannt. So wie der Mensch in vergangenen Zeiten über die Erde tritt und später deren Oberfläche bebaute, ohne sich um die riesigen Reichtümer zu kümmern, die in ihren Tiefen versteckt liegen, so schreitet der moderne Mensch in der Kultur voran, ohne die Schätze, die versteckt in der psychischen Welt des Kindes ruhen, zu erkennen."

(Montessori 2000, 3)

Anthropologischer Ansatz

Von 1904 an hat Maria Montessori an der Universität Rom Anthropologie-Vorlesungen gehalten. Hier behandelt sie z. B. Themen der Kinderheilkunde. Von den Inhalten her lässt sich die Anthropologie als für die damalige Zeit übliche medizinische Hilfsdisziplin charakterisieren (Holtstiege 1997). Die für ihre Pädagogik bedeutsamen anthropologischen Aussagen erschließen sich wohl eher aus ihren Darlegungen in pädagogischen Zusammenhängen, die über ihr gesamtes Werk verstreut sind. Thematisiert werden biologische, philosophische und theologische Sichtweisen. Hildegard Holtstiege, die insbesondere in anthropologischen Fragen als führende Montessori-Forscherin gilt, hat eine fundierte Aufbereitung des Anthropologieansatzes vorgelegt (Holtstiege 1997, 1998, 1999a, b).

Die anthropologischen Aussagen von Maria Montessori lassen sich zu drei Kategorien zusammenfassen: Mensch als Lebewesen, Mensch als auf die Gemeinschaft ausgerichtete Person und Mensch als Gottesgeschöpf.

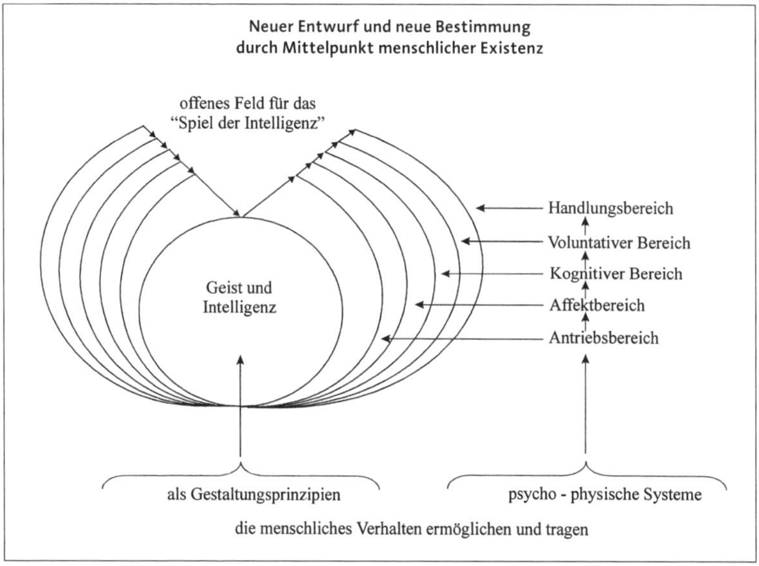

Abb. 4: „Geist und Intelligenz" als Mittelpunkt menschlicher Existenz (nach Holtstiege 1997, 31)

Mensch als Lebewesen

Die zentrale Kategorie für Maria Montessori ist die Personalität, die jedem menschlichen Sein – unabhängig vom Kulturkreis – eigen ist. Geist und Intelligenz stehen im Mittelpunkt der menschlichen Existenz. Sie gestalten und tragen das Gesamtsystem psycho-physischer Funktionen, die menschliches Verhalten ermöglichen.

Geist und Intelligenz kennzeichnen nach Maria Montessori die menschliche Eigenart im Gegensatz zu den übrigen vegetativ-pflanzlichen und animalisch-tierischen Lebewesen. Unter ethnologischen Gesichtspunkten betont Maria Montessori eine besondere Eigenschaft menschlicher Wesen gegenüber Tieren: „Es hat ein doppeltes embryonales Leben" (2000, 56). Die postnatale Embryonalzeit des Menschen ist durch den Erwerb artspezifischer Merkmale wie Sprache und Intelligenz gekennzeichnet und begründet das Phänomen der langen Kindheit. Intelligenz bildet den Kernpunkt menschlichen Lebens. Sie erlaubt es dem Menschen, sich zu entwickeln, indem er mit seiner Umgebung in Beziehung tritt. Intelligenz ist Instrument des Geistes, der wiederum den Mittelpunkt menschlicher Existenz bildet. Hauptkennzeichen des Phänomens Geist ist die Freiheit, über sich selbst zu verfügen und verantwortlich zu handeln. Im Vergleich zum Erwachsenen beobachtet Montessori (2000, 23) eine ontogenetische Besonderheit beim Kind, welche sie den „absorbierenden Geist" nennt, durch den das Kleinkind die Umwelt zunächst ganzheitlich in sich aufnimmt.

Mensch als auf die Gemeinschaft ausgerichtete Person

„Die Persönlichkeit ist … unteilbar und alle geistigen Anlagen hängen von einem Zentrum ab" (Montessori 1996a, 45). Die Bezeichnungen Person, Personalität und Persönlichkeit werden synonym verwendet. Individualität kennzeichnet die Unverwechselbarkeit der Person und ihre Vereinzelung im Hinblick auf die Gemeinschaft. Personalität ist gelungene Integration menschlicher Sozialität, bei der Maria Montessori zwei Intervalle unterscheidet. Zum einem betrachtet sie die Entwicklung der Individualität und zum anderen die Anwendung der individuellen Aktivität auf ein soziales Leben (Montessori 1973). Individualität wird als Basis der Entwicklung von Personalität angesehen. Sie ist dann gegeben, wenn das Individuum ohne Hilfe anderer handeln kann. Ihre Entwicklung erstreckt sich über das erste Lebensjahrzehnt und geht dann in die Periode der Anwendung der individuellen Aktivität auf das soziale, gemeinschaftliche Leben über. Volle Personalität ist erreicht, so Montessori, wenn Personen sich mit anderen Personen in Harmonie zusammenschließen und gleichzeitig Individualität bewahren (Montessori 1973, 96f).

Mensch als Gottesgeschöpf

Im Hinblick auf das Wesen menschlicher Geschöpflichkeit gilt es „das Göttliche im Menschen zu erkennen und zu beobachten" (Montessori 1995, 18f). Maria Montessori bezeichnet den Menschen als zur Schöpfung hinzugekommen. Hieraus wird die „kosmische Aufgabe" abgeleitet, eine verändernde Funktion auf die Natur auszuüben. Der kosmische Schöpfungsplan gestaltet sich als eindrucksvolle Wirklichkeit. Der Mensch ist bestimmt, ein wesentliches Stück der Schöpfung mitzugestalten, so Maria Montessori. Die schöpferische Arbeit bezieht sich auf alle Lebewesen, die in wechselseitiger Abhängigkeit zueinander stehen. Mit Hilfe seiner Intelligenz setzt der Mensch das Schöpfungswerk fort. Er schafft einen menschlichen Lebensraum, Fortschritt und Zivilisation und zeigt sich somit als ein kulturschaffendes Wesen.

Neben den bereits skizzierten Grundannahmen wird der anthropologische Ansatz durch folgende zentrale Begrifflichkeiten bestimmt: Geistiger Embryo, absorbierender Geist und sensible Perioden. Die Theorie der sensiblen Perioden führt Maria Montessori explizit in ihrem Werk „Kinder sind anders" aus. Bezugspunkt ist der niederländische Biologe de Vries (1912). Er studierte die Ontogenese, insbesondere niederer wirbelloser Tiere, und hielt sensible Entwicklungsperioden fest, in denen sich das entwickelnde Tier besonders empfänglich für bestimmte Umwelteinwirkungen zeigt. Maria Montessori überträgt diese Erkenntnis aus der Welt der Tiere auf die menschliche Entwicklung. Da der Mensch aber auch als Kulturwesen gesehen werden muss, bedarf dieser Transfer der sensiblen Perioden im Detail einer präzisen Klärung. Der Begriff „Sensible Periode" ist entscheidende Kategorie in den Überlegungen der montessorianischen Entwicklungspsychologie. Unterschieden werden relativ modelltypische Entwicklungsverläufe für den Erwerb körperlicher, geistiger und psychischer Fähigkeiten. Der Begriff „Embryo" dient hierbei als Metapher, wie Holtstiege (1997) hermeneutisch herausgearbeitet hat. So gibt es Perioden der physischen, psychischen und sozialen Embryonalzeit, an deren Endpunkt jeweils eine „Geburt" steht.

Maria Montessori verwendet das Bild des geistigen Embryos also, um auf die Parallele zwischen körperlicher und geistiger Entwicklung hinzuweisen. Nach der Geburt ist das Kind zunächst in einer schutzbedürftigen und abhängigen Situation. Es kommt nicht bereits „fertig" auf die Welt, sondern es bedarf der Umwelt, um sich entwickeln zu können. Die Entwicklung vollzieht sich auf der Grundlage des von der Natur mitgegebenen Bauplanes.

Während Maria Montessori die menschliche Entwicklung in ihrem frühen Werk „Die Entdeckung des Kindes" als weitgehend anlagebestimmt sieht, distanziert sie sich in ihrem Spätwerk „Das kreative Kind" von biologistischer Einseitigkeit. Sie unterstreicht die Eigeninitiative des jungen Menschen beim Selbstaufbau. Menschliche Entwicklung ist für sie nunmehr eindeutig Werk der Natur,

Werk des Menschen und Werk seiner selbst. Die Kritik, einem biologischen Naturalismus verhaftet zu sein, ist mit Sicherheit der heftigste Einwand, der der Montessori-Pädagogik entgegengebracht wird (Ludwig 1999a). Von daher wird es interessant sein, im nächsten Kapitel eine kritische Reflexion auf der Basis der aktuellen Neurowissenschaft anzuschließen. Doch zunächst zurück zu der Erläuterung zentraler anthropologischer Begrifflichkeiten. Der geistige Embryo nimmt die Umwelt durch seinen „absorbierenden Geist" ganzheitlich in sich auf.

Gemeint ist hier die Entwicklungsform des Neugeborenen, sich zunächst unbewusst aber kräftig aus sich selbst heraus zu entwickeln. Maria Montessori vergleicht den absorbierenden Geist mit dem Prinzip der Photographie. Der absorbierende Geist nimmt augenblicklich, ganzheitlich und automatisch in sich auf. Das Kind analysiert in dieser frühen Entwicklungsphase nicht, es saugt die Außenwelt in sich auf. Die vitale Kraft des Kindes, die nach Selbstverwirklichung strebt, nennt Maria Montessori „Horme".

Ein weiterer Begriff zur Beschreibung der frühkindlichen Entwicklung ist die „Mneme". Gemeint ist das unbewusste Erbgedächtnis des Kindes, welches zwar ganzheitlich aufnehmen und speichern, sich aber noch nicht bewusst erinnern kann.

Eine sensible Periode lässt sich mit einem Lichtstrahl vergleichen, der nur bestimmte Gegenstände erhellt und andere im Dunkeln lässt. Das Kind besitzt eine bestimmte Empfänglichkeit, der Großteil der Energie wird auf einen bestimmten Punkt ausgerichtet. Erhält das Kind geeignete Anregungen aus der Umwelt, dann kann es sich den Entwicklungsbereich ohne Schwierigkeiten aneignen. Ist die sensible Periode dagegen vorbei, dann erfordert es große Anstrengung. Maria Montessori teilt die Entwicklung des Kindes in 3 wesentliche Wachstumsperioden, die zur Selbständigkeit hinführen.

Die wichtigste Periode in der kindlichen Entwicklung (0–6 Jahre) wird nochmals in 2 Unterphasen zu je 3 Jahren aufgeteilt. Die erste Unterphase, die Zeit des „psychischen Embryos", wird durch den bereits erwähnten „absorbierenden Geist" geprägt. Die Aufnahme von Kulturgut durch den „absorbierenden Geist" vollzieht sich im Zusammenhang mit inneren Potentialen, den sogenannten „Nebulen". Im Kind sind viele voneinander unabhängige „Nebule" angelegt, die es dazu veranlassen, zu einem bestimmten Zeitpunkt bestimmte Fähigkeiten zu erwerben. Als wichtige „sensible Perioden" der ersten Unterphase nennt Maria Montessori die Periode für den Spracherwerb, die Periode für die Ordnung und die Periode für die

Verfeinerung der Sinne. Die „Sprach-Nebula", d. h. die Fähigkeit zum Spracherwerb, bringt jedes gesunde Kind mit auf die Welt. Die Sprachentwicklung des Kindes vollzieht sich aber nur im Zusammenhang mit der Umwelt, die das Kind zur Sprachbildung anregen muss.

Die Periode für die Ordnung ist eine weitere bedeutsame dieser Unterphase. Zunächst hilft dem Kind eine äußere Ordnung bei der Strukturierung von Umwelterfahrungen. Strukturierung und Ordnung der Umwelt sind die Grundlage der gesamten geistigen Entwicklung. Die geistige Entwicklung verläuft in enger Anbindung an die motorische Entwicklung. In diesem Zusammenhang kommt der Hand eine besondere Bedeutung zu. Durch den handelnden Umgang mit Materialien sammelt das Kind strukturierte Umwelterfahrungen.

In der zweiten Unterphase vollzieht sich der Entwicklungsprozess für Maria Montessori bewusst. Aus dem „unbewussten Schöpfer" wird ein „bewusster Arbeiter". Die sensiblen Perioden dieser Unterphase bauen direkt auf denen der ersten Unterphase auf. So mündet beispielsweise die „sensible Periode des Spracherwerbs" direkt in die „sensible Periode des Schreiben- und Lesenlernens". Außerdem verfestigt sich der Intelligenzaufbau. Das Kind entwickelt Einbildungskraft und Vorstellungsvermögen.

Eine weitere, wesentliche Periode ist die der Sozialentwicklung. Maria Montessori bezeichnet das Kind auch als „Sozialen Embryo". Das Kind beginnt, Sozialverhalten zu entwickeln. In der zweiten Periode (6–12 Jahre) erwirbt das Kind die Fähigkeit zur sozialen Kooperation und beginnt, sittliche Kriterien zu entwickeln. Deutlich wird, dass die Sensibilitäten dieser Periode wiederum aus denen der ersten Periode hervorgehen.

Nach der relativ stabilen Phase der Kindheit bricht die Jugendzeit (dritte Periode, 12–18 Jahre) meist krisenhaft herein, hervorgerufen durch körperliche und psychische Veränderungen. Der Jugendliche erwirbt in dieser Phase einen feinen Gerechtigkeitssinn und moralisches Interesse. Mit dem 18. Lebensjahr ist die kindliche Entwicklungszeit für Maria Montessori abgeschlossen.

Die Theorie der „Sensiblen Perioden" von Maria Montessori zeigt deutliche Parallelen zur Stufentheorie der kognitiven Entwicklung von Piaget. Der Schweizer Psychologe Jean Piaget (1896–1980) widmete fast 50 Jahre der Beobachtung der Entwicklung des Denkens bei Kindern. Ein Großteil der gegenwärtigen Forschung zur kognitiven Entwicklung geht auf seine Pionierarbeit zurück. Zunächst ist interessant, dass Piaget Mitglied der Schweizer Montessori-Gesellschaft war. Nach Piagets bekannter entwicklungspsychologischer Konzeption vollzieht sich die kognitive Entwicklung in einer klar festgelegten Abfolge auf der Basis von 2 Formen der Anpassung des Individuums an seine Umwelt (Assimilation und Akkommodation). Kognitive Strukturen sind sowohl das Ergebnis als auch die Voraussetzung der Anpassung. Es werden 4 Stufen der kognitiven Entwicklung unterschieden. Die 1. Stufe ist die sogenannte sensomotorische Periode (von der Geburt bis zur Vollendung des 2. Lebensjahres). In dieser Zeit werden die Wurzeln des Denkens gelegt, bevor Denken im eigentlichen Sinne als inneres Operieren mit Vorstellungen, Symbolen und sprachlichen Zeichen möglich ist. Das Kind besitzt in dieser Phase zunächst kein Symbolverständnis. Es denkt, indem es wahrnimmt und handelt. Wahrnehmen und Handeln sind wichtige Motoren der kognitiven Entwicklung. Es folgt eine Stufe des präoperationalen anschaulichen Denkens (etwa vom 2.–7. Lebensjahr), auf der die Kinder schon in der Lage sind, über konkrete Ereignisse auf der Ebene der Vorstellung nachzudenken. Auf der Stufe der konkreten Operation (7–10 Jahre) erwirbt das Kind die Fähigkeit, Handlungen nicht nur konkret, sondern auch in der Vorstellung umkehren zu können. Induktives logisches Schlussfolgern ist für Kinder dieser Altersstufe also kein Problem. Sie sind mühelos in der Lage, aus einzelnen Beobachtungen Annahmen über allgemeine Gesetzmäßigkeiten abzuleiten. Was dagegen noch nicht beherrscht wird, so Piaget (1969), ist deduktives logisches Schlussfolgern. Diese Fähigkeit wird erst im Stadium der formalen Operation (etwa ab dem 11. Lebensjahr) erworben.

In beiden Konzeptionen der kognitiven Entwicklung, sowohl bei Montessori als auch bei Piaget, besitzt das Kind in der frühesten Entwicklungsphase zunächst kein Symbolverständnis. Als wichtigste Motoren der kognitiven Entwicklung werden übereinstimmend Wahrnehmung und Handlung angesehen. Piagets Theorie ist auch heute noch weitgehend anerkannt, wurde aber auch ergänzt und teilweise infragegestellt. Neuere Untersuchungen weisen darauf hin, dass Piaget die kognitiven Fähigkeiten von Kindern unterschätzte (Zimbardo 1995, 108), da ihm moderne Untersuchungstechniken nicht zur Verfügung standen. Wichtig ist, zwischen Kompetenz und Performanz zu unterscheiden. Kinder können durchaus verstehen, ohne dass sie in der Lage sind, es auch zu erklären.

Primärliteratur (einführende Auswahl)
Montessori (1985): Grundlagen meiner Pädagogik.
Montessori (2000): Das kreative Kind. Der absorbierende Geist.

Kosmische Theorie

> Alle Dinge sind „Teil des Universums und miteinander verbunden, um eine große Einheit zu bilden."
> (Montessori 1996a, 41)

Maria Montessori interpretiert den Kosmos theologisch als Schöpfungsordnung. Ihre kosmische Theorie geht von einem zwar unvollendeten aber einheitlichen Schöpfungsplan aus (Montessori 1996a). Der Mensch ist als einziges Lebewesen mit Geist und Intelligenz ausgestattet. Als kosmisch Handelnder kommt ihm die Funktion zu, verändernd auf die Natur Einfluss zu nehmen. Maria Montessoris Betrachtungsweise war aber nicht nur auf einzelne biologische Zusammenhänge ausgerichtet, sondern auf die Gesamtheit der lebenden Organismen und darüber hinaus auf das ganze Universum. Maria Montessori entwickelt eine umfassende Sicht des Universums als einer dynamischen Einheit mit vielfältigen Wechselbeziehungen. Im Gegensatz zu Darwins Evolutionstheorie mit ihrer Ausgerichtetheit auf Zweckmäßigkeit, sieht sie in der gesamten Natur die Verwirklichung eines „kosmischen Plans" als Schöpfung Gottes. Dem Menschen wird eine besondere Aufgabe zuteil, denn ihm ist „in reichem Maß Intelligenz gegeben" (Montessori 1996a, 87). Im Unterschied zum Tier ist sein Verhalten nicht festgelegt, sondern durch Weltoffenheit gekennzeichnet. In aktiver Auseinandersetzung mit der Umwelt ist es sein Auftrag sich selbst aufzubauen. Der Mensch ist kulturschaffend und kulturabhängig. Um auf die Wechselseitigkeit zwischen Natur und Kultur und zugleich auf die menschliche Überlegenheit hinzuweisen, verwendet Maria Montessori häufig statt des Begriffes „Kultur" den Begriff „Super-Natur". Gemeint sind hiermit alle zivilisatorischen und kulturellen Leistungen des Menschen. Durch kulturschaffende und weltgestaltende Tätigkeiten erfüllt der Mensch eine „kosmische Mission". Die durch den Menschen geschaffene Super-Natur wirkt ihrerseits auf die Entwicklung der

Menschheit zurück. In Krisenzeiten hilft kein einfaches „zurück zur Natur“, sondern eine Weiterentwicklung der Super-Natur im Sinne eines humaneren Lebens für alle. Die menschliche Gesellschaft – so Maria Montessori – bedarf einer Neuorganisation unter den Prinzipien der „Gerechtigkeit und Liebe“, denn Nationen können nicht zivilisiert sein „und andere dabei in Knechtschaft und Unwissenheit belassen“ (Montessori 1996a, 108). Soziale, ökonomische und politische Maßnahmen sind nicht ausreichend, vielmehr bedarf es einer neuen Stufe „individueller und sozialer Moral“, die durch entsprechende Erziehung ermöglicht wird. Eine solche Neuorientierung der Erziehung entwirft Maria Montessori in ihrem Konzept der „kosmischen Erziehung“. Dieses Konzept ist darauf ausgerichtet, den jungen Menschen in diese Weltsicht einzuführen. Die kosmische Erziehung ist die zentrale Basis der übrigen Schularbeit. Maria Montessori entwickelte einen Lehrplan, in dem im Sinne ihrer Wissenschaftsorientierung Aspekte der Naturwissenschaften, der Humanwissenschaften und der Gesellschaftswissenschaften mit ihren Verknüpfungen sichtbar gemacht wurden. In ihrer Konzeption der kosmischen Erziehung unterscheidet sie verschiedene Phasen.

Alter 0–6 Jahre: Insbesondere diese Phase wird als konstruktiv für die Entwicklung von Intelligenz angesehen. Die kosmische Aufgabe des Menschen ist bedeutsam für die Gestaltung der kindlichen Umgebung als „verkleinerte Welt“. Die Erfahrung von Ordnungsstrukturen ist fundamental für die Konstruktion von Einbildungskraft.

Alter 7–12 Jahre: In dieser Phase, die von Sozialinteresse geprägt ist, erweitert sich die kindliche Sicht und die Vorstellung der Welt. Imagination wird als Grundlage der Abstraktion angesehen, die in dieser Entwicklungsphase die intellektuelle Führung übernimmt. Durch Vision und Imagination vermag das Bild der Wirklichkeit zu entstehen. Maria Montessori fordert zu diesem Zweck, ein vernunftkontrolliertes Arbeiten durch eine Art Studienplan.

Alter 12–18 Jahre: Das sich in dieser Phase entwickelnde Bedürfnis nach Gerechtigkeit und persönlicher Würde äußert sich in der Suche nach Rolle und Position in der Gesellschaft. Folglich muss die Umgebung dem Bedürfnis nach Teilnahme an sozialer Arbeit Rechnung tragen. Soziale Erfahrungsfelder müssen in die Natur und in die Kultur einführen. Soziale Verantwortung entwickelt sich auf der Basis konkreter Erfahrungen (Holtstiege 1998, 125ff).

Primärliteratur (einführende Auswahl):
Montessori (1996a): Kosmische Erziehung.
Montessori (1979): Von der Kindheit zur Jugend.

Religiöse Dimension

„Wir dürfen nicht nur das Kind sehen, sondern Gott in ihm."
(Montessori 1995, 71)

Neben den bereits erläuterten anthropologischen Grundlagen und der Skizze ihrer kosmischen Theorie, wird das Menschenbild von Maria Montessori durch eine religiöse Dimension geprägt. Sie selbst verstand sich als katholische Christin, die sich wiederholt zum Glauben bekannte. Folglich ist für sie die Welt eine Schöpfung Gottes. Kontrovers wird jedoch die Frage beantwortet, ob Maria Montessori Theosophin gewesen sei. Während Ludwig (1999a, 145) diese Behauptung als „unhaltbar" ansieht, verweist Fuchs (2004, 106) auf „nicht zu übersehende Parallelen mit theosophischen Gedankengut". Die Theosophische Gesellschaft wurde 1875 in New York von Helena Petrowna Blavatzky mit der Intention gegründet, nationale, kulturelle und religiöse Schranken zu öffnen, religiöse Dogmen zu überwinden und den Weg für die praktische Verwirklichung einer „universalen Verbrüderung" zu öffnen (Fuchs 2004, 105). Jenseits des Streites um Maria Montessori ist Böhm (1991) zuzustimmen, der von einem sehr weit gefassten und überkonfessionellen Religionsbegriff bei Maria Montessori spricht. Entscheidend ist, dass die Montessori-Pädagogik mit Sicherheit nicht nur auf der Basis des katholischen Glaubens verständlich und praktizierbar ist. „Jeder, auch ein nicht religiöser Mensch – oder praktizierender welcher Religion auch immer –, kann das gleiche Gebet wiederholen, indem er sich auf die darin angegebenen Prinzipien konzentriert" (Montessori 1995, 108). Religiöse Erziehung ist nach Montessori für jeden Menschen erforderlich, anderenfalls verkümmert eine zentrale Dimension des Menschseins. Religiöse Erziehung kann sich gemäß der Glaubensüberzeugung inhaltlich unterschiedlich gestalten. Religion darf nicht als besonderer Bereich im menschlichen Leben angesehen werden, sondern ist umfassendes Fundament des menschlichen Daseins. Religiöse Erziehung ist für Maria Montessori also integrierender Bestandteil der Gesamterziehung.

Die eigentlich religiöse Erziehung erfolgt nicht durch die Erzieherin, sondern durch das Kind selbst. Die Eigenaktivität des Kindes steht auch hier im Vordergrund. Aufgabe der Erzieherin ist es, unter Kenntnis der religiös-sensiblen Phasen das Kind zu beobachten. Auf der genannten Basis von Beobachtung ist dem Kind eine für die religiöse Dimension offene vorbereitete Umgebung zu schaffen, die das Kind über alle Sinne ansprechen muss. Maria Montessori vertritt die Auffassung, dass die geistliche Welt dem Kind nicht allein durch Worte eröffnet werden kann.

Im Detail werden in der religiösen Erziehung verschiedene Entwicklungsstufen unterschieden. Die Entwicklungsstufe von 0 bis 6 Jahren wird wiederum in zwei Unterphasen gegliedert, wobei der Zeitraum bis zum dritten Lebensjahr unter dem Einfluss des „absorbierenden Geistes" als „Empfindungsperiode" betrachtet wird. „Das religiöse Gefühl wird in dieser Epoche geschaffen und später nur noch entwickelt" (Montessori 1995, 97). Von 3 bis 6 Jahren vollzieht sich die Phase bewusster Welterschließung in konkretem Tun, hierauf sind erzieherische Hilfen als „Unterweisungsperioden" auszurichten. Unterweisung ist jedoch keinesfalls verbale Belehrung, sondern Tun unter Beteiligung der Fantasie, z. B. in Form von Rollenspielen. Zur Einführung in den christlichen Glauben in seiner katholischen Form wurde von Maria Montessori das „Atrium" geschaffen, welches einen besonderen Gebetsraum bezeichnet. Die Entwicklungsstufe von 6 bis 12 Jahren ist Phase der Gewissensbildung. Ins Zentrum der religiösen Erziehung tritt die Unterscheidung von „Gut und Böse". Der Eigenaktivität der Kinder ist wiederum sehr viel Raum zu geben. Neben dem praktischen Tun kommen auch kreativ-künstlerische Elemente wie Singen, Musizieren und Tanzen zur Geltung. Die Entwicklungsstufe von 12 bis 18 Jahren dient schließlich der Gewinnung gesellschaftlicher und menschheitlicher Beantwortung. Religiöse Erziehung leistet einen Beitrag, um dem Jugendlichen seine Verantwortung für Gesellschaft, Menschheit und Welt zu verdeutlichen. Religion, so Maria Montessori, erfüllt erst ihren Sinn, wenn sie in Verbindung tritt mit einem menschheitlichen Solidaritätsbewusstsein.

Primärliteratur (einführende Auswahl):
Montessori (1995): Gott und das Kind. Kleine Schriften Maria Montessoris, Bd. 4.

Kritische Betrachtung im Spiegel der aktuellen Wissenschaft

Für Maria Montessori war die Biologie eine der wichtigsten Grundlagenwissenschaften für ihre Sichtweise des Kindes. Dies entspricht ihrer beruflichen Biographie als Ärztin und Pädagogin. Maria Montessori war der Auffassung, dass biologisches Wissen notwendig ist, um das Kind zu verstehen. Sie entwickelte ihre pädagogische Konzeption auf der Grundlage der neuesten wissenschaftlichen Erkenntnisse zu Beginn des 20. Jahrhunderts. Gerade die biologische Seite ihrer Pädagogik aber provoziert bis heute heftigste Kritik. Folglich stellt sich die Frage, ob Maria Montessoris Grundannahmen noch mit dem heutigen Kenntnisstand übereinstimmen.

Die Neurowissenschaft hat sich ab den 1990er Jahren als komplexe Wissenschaftsdisziplin aus der Neurobiologie entwickelt (Pickenhain 1997). Die Disziplin geht davon aus, dass die Steuerung sowohl aller Vorgänge im Organismus selbst als auch der Umweltbeziehungen des Organismus vom zentralen Nervensystem aus erfolgt. Zentrum und Peripherie stehen hierbei in einer ständigen Rückkoppelung. Die Neurowissenschaft ist für das Verständnis der Frühentwicklung des menschlichen Organismus von besonderer Bedeutung.

Maria Montessori hat im Rahmen der kindlichen Entwicklung die genetischen Anlagen stets betont. Welchen Stellenwert misst die heutige Neurowissenschaft den genetischen Anlagen zu? Entscheidend für die menschliche Entwicklung ist die Nutzung des genetischen Potentials in der aktiven Auseinandersetzung mit den gegebenen Umweltbedingungen (Pickenhain 1997, 157). Diese vollzieht sich nach dem Prinzip der Selbstorganisation der funktionellen Systeme des Organismus. Die moderne Neurowissenschaft hat es für nötig erachtet, sich von dem streng deterministischen Denken weitgehend zu lösen. Statt der deterministischen genetischen Vorgabe spielt der Zufall eine entscheidende Rolle. Die Frage nach dem prozentualen Anteil genetischer und epigenetischer (d. h. für Neubildungen auf komplexerem Niveau verantwortlicher) Faktoren an der menschlichen Entwicklung wird in der modernen Neurowissenschaft deshalb als sinnlos angesehen, weil ihr dynamisches Zusammenwirken weitgehend zufallsabhängig ist. So können die genetischen Faktoren nur bei zeitgerechter Einwirkung der notwendigen epigenetischen Faktoren wirksam werden. Auch die epigenetischen Faktoren können ihren weitgehend zufallsbedingten Einfluss nur dann ausüben, wenn eine entsprechende genetische Anlage vorhanden ist.

Vom Prinzip her, so Pickenhain (1997), hatte Maria Montessori dieses skizzierte Wechselspiel schon zu Beginn des 20. Jahrhunderts erkannt. Die Erkenntnisse der modernen Neurowissenschaft bestätigen die Grundpositionen von Maria Montessori zur Frühentwicklung des Kindes.

Einen kritischen Diskurs zur kosmischen Theorie führt Fuchs (2003, 2004). Zunächst bemerkt Fuchs (2003, 97) die Erschwernisse einer systematischen Analyse der kosmischen Theorie, da sie nur in Form von Vortragsmitschriften vorliegt, die überwiegend innerhalb von Ausbildungskursen entstanden sind. „Diese Texte sind von Montessori selbst rhetorisch geschickt auf eine gläubige Anhängerschaft von Erziehern und Lehrern abgestimmt und zielen weit mehr auf die Gewinnung emotionaler Zustimmung als auf eine streng systematische Entwicklung der Gedanken“ (97). Zentrale Wurzeln der kosmischen Theorie werden von Fuchs in der Theosophie gesehen, folglich wird die Vereinbarkeit mit einer christlichen Schöpfungstheologie kritisch angemerkt. Als erkenntnisleitendes Interesse wird eine rückwärtsgewandte Sehnsucht in Maria Montessoris Gedankengut aufgewiesen, den modernen Pluralismus zu überwinden und die junge und heranwachsende Generation auf ein „harmonisierendes Weltbild einzuschwören“ (151). Mit Sicherheit wird zu Recht die Forderung einer kritischen Auseinandersetzung mit den theoretischen Grundlagen der kosmischen Theorie gefordert, denn sonst wird die Pädagogik „in letzter Konsequenz zu einer Glaubensentscheidung“ (Fuchs 2004, 124). Die Frage, inwieweit die kosmische Theorie auch im 21. Jahrhundert noch ein tragfähiges Fundament für ein zeitgemäßes Nachdenken über Erziehung und Bildung liefern kann, werden wir in Kapitel 8 im Hinblick auf die aktuelle Ökopädagogik wieder aufnehmen.

5 „Hilf mir, es selbst zu tun" – Die Erziehungskonzeption

Wenn wir von der dargelegten anthropologischen Grundannahme ausgehen, dass sich das Kind aus sich selbst heraus aktiv entwickelt, so kann Erziehung nur darauf ausgerichtet sein, die individuelle Persönlichkeitsentwicklung zu unterstützen.

Erziehung als „Hilfe zum Leben"

In Maria Montessoris pädagogischen Gedanken ist eindeutig die Erziehungskritik der Reformpädagogik wiederzuerkennen. Sie steht auf der Seite des Kindes und nicht auf der Seite des Erwachsenen. Häufig nimmt sie eine anklagende Haltung ein, in ihrem Buch „Kinder sind anders" spricht sie über den Kampf zwischen Kind und Erwachsenen. Für Maria Montessori ist das Kind von Natur aus gut. Diesen pädagogischen Optimismus der Erziehungsgeschichte teilt sie z. B. mit Rousseau und Pestalozzi. Sie ist der Grundüberzeugung, dass die Kindheit eine eigenständige Lebensform ist, die in sich selbst Bedeutung hat. Sie bezeichnet Kinder als unterdrückte Klasse, die in Kinderzimmern und Schulen wie in Gefängnissen eingeschlossen werden, da sie in der Erwachsenengesellschaft stören. Maria Montessori fordert radikal eine Umkehrung der Machtverhältnisse: „Das Kind wird unser Lehrmeister; der Erwachsene wird zum Diener des Kindes". Auf der Basis dieser erzieherischen Grundhaltung stehen Individualerziehung und Sozialerziehung gleichermaßen im Zentrum. Auch die soziale Entwicklung des Kindes folgt bestimmten Sensibilitäten. Zwischen dem 3. und 6. Lebensjahr suchen Kinder in Form einer Kohäsionsgesellschaft den ersten sozialen Austausch mit Gleichaltrigen. Die deutlichste Maßnahme der Sozialerziehung ist in der Montessori-Pädagogik die Altersmischung (siehe Kapitel 6, Traditionelle Montessori-Einrichtungen). Darüber hinaus muss auch die indirekte soziale Erziehung betrachtet werden. Im Sinne von Maria Montessori ereignet sie sich, wenn das Kind im Prozess der Selbstwerdung zur Normalisation gelangt, die jedoch von der Deviation bedroht ist. Unter einem normalisierten Kind versteht Maria Montessori ein psychisch gesundes Kind, das sich gemäß seinen Wachstumsimpulsen harmonisch entwickelt. Ein normalisiertes Kind wurde von dem Erwachsenen richtig verstanden und hat die notwendigen Rahmenbedingungen in seiner Umwelt vorgefunden. Das nichtnormalisierte Kind wurde von dem Erwachsenen in seiner Lebensenergie behindert, so dass Abweichungen in seiner normalen Entwicklung eingetreten sind.

Während Maria Montessori in ihren frühen Schriften ausführlich den Weg der „Entdeckung des Kindes“ und die daraus folgenden pädagogischen Konsequenzen darlegt, wendet sie sich später dem Zusammenhang von Erziehung und Frieden zu (Montessori 1973). Friede bedeutet für sie: Sieg der Gerechtigkeit, Liebe unter den Menschen und eine Welt, in der Harmonie herrscht. Maria Montessori fordert, auf der Basis ihres anthropologischen Ansatzes auch eine Erziehung zum Frieden. Hier ist das Kind „Lehrmeister des Friedens“, da es Frieden in sich trägt und bringen kann.

Sinneserziehung als „Strukturierungshilfe der geistigen Entwicklung“

Wenn wir uns an dieser Stelle die biographischen Ereignisse noch einmal vor Augen halten, so wurde Maria Montessori während ihrer Assistenzzeit in der psychiatrischen Klinik in Rom dazu angeregt, sich mit Fragen der Erziehung von sogenannten „idiotischen Kindern“ zu beschäftigen. Sie setzte sich mit den Schriften zur Sinnesschulung von Jean Marc Gaspard Itard (1774–1838) und seinem Schüler Eduard Seguin (1812–1880) auseinander. Die Namen Itard und Seguin sind unauflöslich mit Viktor, dem Wilden von Averon verbunden, einem der bekanntesten Fälle von Zivilisierung eines in den Wäldern aufgewachsenen Jungen, den die Geschichte der Pädagogik aufzuweisen hat. Itard gilt als Urheber einer modernen Erziehung von Kindern mit geistigen Behinderungen. Er sah in Viktor nicht den organisch verursachten Intelligenzdefekt, sondern den Mangel an Erziehung, die sozial verursachte Verwahrlosung.

Sowohl Itard als auch Seguin sind vom ersten Taubstummenlehrer, Jacob Rodriguez Pereira (1715–1780) beeinflusst worden. Pereira geht davon aus, dass jeder Sinn einer physiologischen Schulung fähig ist und hierdurch unbegrenzt intellektualisiert werden kann. Darüber hinaus war ihm die Erkenntnis wichtig, dass Sinnesfunktionen durch physiologische Übungen verstärkt werden. Die Erziehung der Sinne ist Basis der intellektuellen Entwicklung (Steibel 1995). Im Jahre 1762 weist Rousseau auf den direkten Zusammenhang zwischen einer Sensibilisierung der Sinne, der Bewegung und der Intelligenzentwicklung hin. Er sieht den Beginn der geistigen Entwicklung im Zusammenhang mit der sinnlichen Wahrnehmung. Auch Pestalozzi vertritt die Auffassung, das Kind gelange von der konkreten Erfahrung über die Begriffsbildung zur Abstraktion. Wobei die Erkenntnisgewinnung im Wesentlichen von der Art der Anschauung abhängt. Seguin stellt die Sinneserziehung als Fundament der intellektuellen Erziehung dar. Er fordert eine Erziehung der Sinne über die Bewegungen.

Maria Montessori schließt sich Seguins Auffassungen zur Sinneserziehung beinah unverändert an. Bei ihr erhält die Sinneserziehung eine differenzierte Begründung. Sinneserziehung dient der Sinnesschulung, der Intelligenzentwicklung und dem Persönlichkeitsaufbau. Ähnlich wie Piaget, sieht Maria Montessori die Bedeutung der Sinnesförderung, ausgerichtet auf die Entwicklung kognitiver Strukturen. Methodisch gilt es, die Sinne isoliert zu üben und die Entwicklung der sensomotorischen Intelligenz voranzutreiben. Zur Sinneserziehung für das Alter von 3 bis 6 Jahren hat Maria Montessori umfangreiches Sinnesmaterial erstellt, das im nächsten Kapitel vorgestellt wird.

Erwachsene als „demütige Lehrer“

> „Wir verstehen unter Erziehung, der psychischen Entwicklung des Kindes von Geburt an zu helfen.“
>
> (Montessori 1985, 8)

Die Lehrerin ist für Maria Montessori Wissenschaftlerin und Beobachterin des Kindes. Sie verfügt über umfangreiche entwicklungspsychologische Kenntnisse. Ihre Aufgabe ist es, die Lernumgebung für das Kind entsprechend der „sensiblen Perioden“ vorzubereiten, in denen es sich befindet. Weil die vorbereitete Umgebung eine zentrale Stellung innerhalb der Montessori-Pädagogik einnimmt, wird der Lehrerin keine geringe Rolle zuteil. Ihre „reife Persönlichkeit“ ist gekennzeichnet durch „Demut“, „Liebe“ und „Geduld“.

Das traditionelle Erziehungsverhältnis wird dagegen durch die Stärke des Erwachsenen und die Schwäche des Kindes geprägt. Entscheidend ist eine neue Festlegung von Aktivität und Passivität. In der traditionellen Pädagogik übernimmt der Erwachsene stets den aktiven Part und das Kind den passiven Part. In der Montessori-Pädagogik ist dagegen die passive Rolle des Erwachsenen notwendig, um der Aktivität des Kindes Raum zu geben. Passivität bedeutet Zurückhaltung. Bedeutsam ist die Fähigkeit, das Kind richtig zu beobachten. Maria Montessori hat die „alte" und „neue" Lehrerin in ihren Schriften häufig deutlich einander gegenübergestellt (siehe S. 38).

„Freiheit und Selbstbestimmung" sind Grundlage der kindgerechten Erziehung. Freiheit bedeutet aber nicht ein „Losgelöstsein" von jeglichen Regeln, sondern Freiheit zum richtigen Handeln, das auf der Basis von selbstgefundenen Regeln entsteht. Für Maria Montessori ergibt sich im Erziehungsprozess eine klare Zweiteilung: Beschäftigt sich das Kind intensiv mit den Materialien der vorbereiteten Umgebung, dann ist es Aufgabe der Pädagogin, sich zurück zu halten, damit sich die kindliche Tätigkeit im Umgang mit dem Gegenstand voll entfalten kann. Hervorzuheben ist das indirekte Arbeiten der Lehrerin. Es gilt die Umgebung so zu gestalten, dass jedes Kind einer Gruppe zu konzentrierter Arbeit gelangen kann. Der Raum soll die Kinder einladen, sich in ihm zu bewegen und tätig zu werden. Darüber hinaus sind Ordnung und Ästhetik wichtig, sie ermöglichen dem Kind Orientierung und üben eine Anziehungskraft aus. Die Lehrerin bereitet das Material vor. Sie wählt aus, gibt Orientierung, wenn sie aufgrund ihrer Beobachtung zu der Auffassung gelangt, dass eines der Kinder weitergehender Anregungen bedarf.

Die Lehrerin wird aber auch direkt im Umgang mit den Kindern tätig. Hier ergeben sich eine Reihe wichtiger Teilaufgaben. Die Lehrerin führt zunächst in die Handhabung des Materials ein. Wenn sich das Kind anschließend alleine mit den Material beschäftigt, muss sich die Lehrerin zurückziehen und das Kind aus der Ferne beobachten. Für das Kind, das sich noch nicht im Prozess der Normalisation befindet (d.h. sich nicht harmonisch entsprechend seinen Wachstumsimpulsen entwickeln kann, sondern möglicherweise durch Verhaltensauffälligkeiten abgelenkt wird seinen inneren Bauplan zu realisieren), wird die Lehrerin zu einem „Bindestrich" (Montessori 1998, 34) zwischen der vorbereiteten Umgebung und dem Kind. Sie wird „Stütze" für Kinder, die Sicherheit bedürfen, um Selbstvertrauen zu gewinnen und sich auf die vorbereitete Umgebung einlassen zu können. Maria Montessori pointiert ihre Gedanken, indem sie davon spricht, dass die Lehrerin der „lebendigste Teil der Umgebung" (Montessori 2000, 250) ist.

Die „alte“ Lehrerin	Die „neue“ Lehrerin
Bildung vermitteln	Bei der Entwicklung behilflich sein
Aktivität der Lehrerin	Aktivität des Kindes
Aktivität	Geduld
Disziplin	Geduld
Unterrichten	Beobachten
Unterrichten	Beschenken
Reden	Schweigen
Das Kind soll an der Lehrerin hängen	Das Kind wird unabhängig
Arroganz	Würde
Hochmut intellektuellen Reichtums, der sich der Armut aufzwingt	Kindliche Konzentration nicht stören
Stolze Würde der Unfehlbarkeit	Kleid der Demut
Dunkelheit	Licht
Ermüden	Beleben
Wortschwall	Wenige Worte
Von der Sache ablenken	Sachlichkeit
Laut	Still

(nach Hebenstreit 1999, 105)

Das Kind als „Baumeister des Menschen"

> „Wenn wir die Kinder nicht in unsere Formen pressen, sehen wir, dass sie Tugenden besitzen, die wir ihrem frühen Lebensalter kaum zutrauen: unermüdlicher Tätigkeitstrieb, Nächstenliebe und innere Disziplin."
>
> (Montessori 1985, 38)

Ausgangspunkt des freiheitlichen Erziehungsprinzips ist die Erkenntnis, dass die Entwicklung des Kindes nach dem „inneren Bauplan" der „sensiblen Perioden" als „Konstruktion des Selbst" verläuft. Die Tätigkeit des Kindes, die es in der entsprechend der „sensiblen Perioden" vorbereiteten Umgebung im Hinblick auf seinen Selbstaufbau verrichtet, nennt Maria Montessori „Arbeit". Der Begriff „Arbeit" nimmt bei ihr eine existentielle Bedeutung an.

Sie vergleicht die Arbeit des Kindes sowohl im Vorschulalter als auch im Schulalter mit der des Erwachsenen. Die Arbeit des Kindes ist nicht auf ein äußeres Ziel gerichtet, vielmehr dient sie dem Selbstaufbau und erfüllt eine zentrale Entwicklungsaufgabe. Kinderarbeit wird als schöpferische Arbeit angesehen mit dem Ziel der Erschaffung einer menschlichen Persönlichkeit. Die Arbeit des Kindes wird nicht bewusst geplant, muss aber vom Kind selbst verrichtet werden. Der Erwachsene kann sie ihm nicht abnehmen. Dies bedeutet aber nicht, dass das Kind keinerlei Unterstützung bedarf.

Für die kindliche Tätigkeit ist die Polarisation der Aufmerksamkeit von zentraler Bedeutung. Gemeint ist die intensive Hinwendung des Kindes zu einer Sache, dessen Aufforderungscharakter die Bündelung aller leib-seelischen Kräfte des Kindes bewirkt und dazu führt, dass es „selbstvergessen" in seiner Arbeit versinkt. Maria Montessori beobachtete dieses Phänomen in ihrem ersten Kinderhaus in Rom. Ein Mädchen wiederholte die Übung mit den Einsatzzylindern in tiefer Konzentration 44mal und ließ sich durch keinerlei Ablenkmanöver beirren. Die Tätigkeit wurde erst beendet, als ohne erkennbaren äußeren Grund eine innere Sättigung eingetreten war. Montessori (1996b, 60ff) schreibt selbst: „Der Ausdruck des Mädchens zeugte von so intensiver Aufmerksamkeit, daß er für mich eine außerordentliche Offenbarung war. Die Kinder hatten bisher noch nicht eine solche auf einen Gegenstand fixierte Aufmerksamkeit gezeigt ... Ich hatte 44 Übungen gezählt; und als es endlich aufhörte, tat es dies unabhängig von den Anreizen der Umgebung, die es hätten stören können; und das Mädchen schaute zufrieden um sich, als erwachte es aus einem erholsamen Schlaf." Diese Beobachtung ging als das so genannte „Montessori-Phänomen" in die Literatur ein. Es sind drei verschiedene Phasen im Ablauf des Phänomens zu unterschieden:

Die 1. Phase wird als „vorbereitende Stufe" bezeichnet. Es ist die Phase der Einstimmung, des Suchens und des Ausprobierens. Die 2. Phase trägt die Bezeichnung „große Arbeit". Hier wendet sich das Kind intensiv und ausdauernd einer wesentlichen Arbeit über einen längeren Zeitraum zu. Diese Phase wird beendet, wenn das Kind innerlich gesättigt ist und seine innere Entwicklung einen Abschluss gefunden hat, nicht weil ein bestimmter äußerer Zweck erreicht ist. Die 3. Phase spielt sich nur innerlich ab. Es ist die Phase des Abschlusses und des Ausruhens, die durch Zufriedenheit geprägt wird.

Die vorbereitete Umgebung als „Schlüssel zur Welt"

> „Da wir ... wissen, dass die zu komplizierte Umgebung, die viele und ungeordnete Reize bringt, dem Kind die geistige Arbeit erschwert, kommen wir ihm zu Hilfe, indem wir ihm Bilder darbieten, die geordnet sind und ihm bei der Ordnung helfen." (Montessori 1985, 13)

Das eigeninitiierte Tun des Kindes in der vorbereiteten Umgebung bezeichnet Maria Montessori als „freie Wahl". Wesentlicher Bestandteil der vorbereiteten Umgebung ist das didaktische Material, welches das Kind als „materialisierte Abstraktion" zum Benennen,

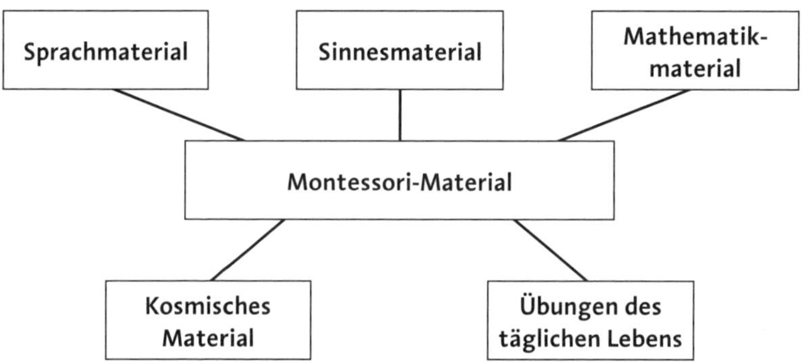

Abb. 5: Materialbereiche im Überblick

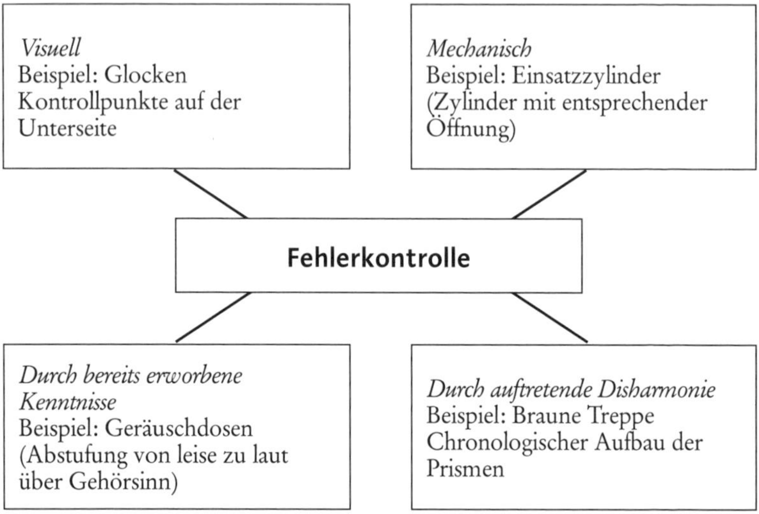

Abb. 6: Formen der Fehlerkontrolle (Steibel 1995, 41; modifiziert)

Ordnen und Unterscheiden anregt. Maria Montessori unterteilt das didaktische Material in 5 Gruppen:

Im Kinderhaus stehen das Sinnesmaterial und die Übungen des täglichen Lebens im Zentrum. In der Grundschule kommen schwerpunktmäßig die Materialien für Sprache, Mathematik und für die Kosmische Erziehung zum Einsatz. Als bedeutsame Charakteristika des Materials sind zu nennen:

Begrenzung: Durch mengenmäßige Begrenzung wird die Überschaubarkeit des Materials gewährleistet. Die äußere Ordnung führt zur inneren Ordnung des Geistes.

Ästhetik: Die Materialien müssen Aufforderungscharakter und Anziehungskraft für das Kind haben.

Aktivitätsmoment: Das Kind muss mit dem Material handeln können und Wiederholungen erfahren können. Das Material soll Interesse wecken und über längere Zeit aufrechterhalten.

Fehlerkontrolle: Die Selbstkontrolle erfolgt durch das Material und führt das Kind zu Unabhängigkeit und Selbständigkeit.

Besonders das Sinnesmaterial spricht einen Sinn isoliert an. Maria Montessori geht davon aus, dass die geistige Entwicklung an ein systematisches Training der Sinne gebunden sein muss.

Das strukturierte Material hilft dem Kind, die Welt zu ordnen. Das Kind gelangt über die äußere Ordnung zu einer inneren Ordnung, die unabhängig von der äußeren ist und den Intelligenzaufbau des Kindes vorantreibt. Die Förderung der Intelligenzentwicklung ist zentrales Anliegen der Montessori-Pädagogik.

Bedeutsam ist, dass das Material autodidaktisch ist, d. h., es enthält die Fehlerkontrolle in sich selbst und ermöglicht dem Kind den eigenständigen Umgang.

Vor dem selbständigen Umgang mit dem Material wird das Kind in die richtige Handhabung eingeführt. Das Kind des Kinderhauses erhält eine Lektion, die folgende 3 Stufen beachtet:

1. Stufe: Die Assoziation der Sinneswahrnehmung mit dem Namen. Das Kind erhält z. B. 2 Farbtäfelchen mit der verbalen Information: „Dies ist rot. Dies ist blau.“

2. Stufe: Erkennen des entsprechenden Gegenstandes verbunden mit der verbalen Aufforderung: „Gib mir das rote Täfelchen. Gib mir das blaue Täfelchen.“

3. Stufe: Erinnerung an den Gegenstand. Dem Kind werden die Täfelchen verbunden mit der Frage gezeigt: „Welche Farbe hat dieses Täfelchen?“

Die Lektion folgt dem Prinzip „Vom Konkreten zum Abstrakten“, einem wesentlichen Prinzip der Präsentation des Materials. Ein weiteres Präsentationsprinzip heißt „Vom Allgemeinen zum Besonderen“. Im Fach Geografie wird beispielsweise in der Grundschule zunächst die Erde vorgestellt. Daraufhin wird der Kontinent behandelt, auf dem die Kinder leben, und zuletzt folgt die Vorstellung des Landes.

Bei dem didaktischen Material ist eine indirekte Vorbereitung auf zukünftige Entwicklungsphasen erkennbar. So wird das Kind vor dem Schreiben- und Lesenlernen durch zylindrische Elemente schon im Kinderhaus auf die richtige Haltung des Füllers vorbereitet. Die Geräuschdosen des sensorischen Materials helfen dem Kind, die Laute der Sprache zu unterscheiden. Bei der Handhabung muss das Kind den inneren Gesetzmäßigkeiten des Materials folgen. Nur der richtige Gebrauch des Materials kann den Intelligenzaufbau des Kindes vorantreiben.

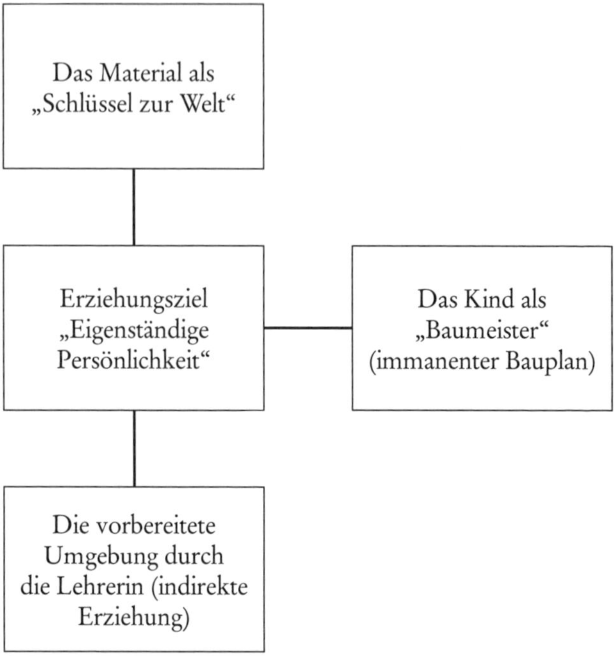

Abb. 7: Grundgedanken der Montessori-Pädagogik

Die dargestellten Grundgedanken der Montessori-Pädagogik werden in Abb. 7 abschließend noch einmal zusammengefasst.

Primärliteratur (einführende Auswahl):
Montessori (1993): Kinder sind anders.

Kritische Betrachtung im Spiegel der aktuellen Pädagogik

Nicht nur der anthropologische Ansatz, sondern auch die Erziehungskonzeption bedarf einer kritischen Betrachtung.

Der Lernbegriff

Maria Montessori war davon überzeugt, dass Kinder intellektuell aktiv sind und selbständig lernen, wenn ihnen ermöglicht wird, sich mit ihrer Umwelt auseinanderzusetzen. In unserer heutigen Terminologie lässt sich ihre Position als konstruktivistisch bezeichnen (vgl. auch Kap. 9, aktuelle pädagogische Bezüge). Maria Montessori geht davon aus, dass der Lerngegenstand an sich genügend Aufforderungscharakter bietet, um die Aufmerksamkeit zu kanalisieren. Oerter (1997) weist darauf hin, dass der Lernbegriff von Maria Montessori in unserer heutigen Zeit einer Erweiterung bedarf. Der Aufbau von Wissen und von Kompetenz wird nicht allein von der Attraktivität des Gegenstandes bewältigt, sondern bedarf auf der Seite des Lernenden auch längerfristigerer Zielsetzungen, Willenshandlungen, Vorsätzen und Techniken, um Ablenkungen zu widerstehen. Darüber hinaus ist kritisch anzumerken, dass Lernen sich nicht ausschließlich intentional als bewusstes Lernen vollzieht. Besonders bei Kindern vollzieht sich Lernen häufig beiläufig. Trotzdem ist diese Lernform höchst effizient.

Das Verhältnis zwischen Arbeit und Spiel

Anfang des 20. Jahrhunderts galt das Spiel des Kindes nicht als ernsthafte Tätigkeit. Maria Montessori dagegen sieht in dem Spiel des Kindes eine intensive geistige Beschäftigung, die sie deshalb als Arbeit bezeichnet. Das freie Spiel ist dagegen eine ungerichtete Tätigkeit, die das Kind nur ausführt, wenn es sich nicht sinnvoll mit Materialien beschäftigen kann. Hierbei unterscheidet sie zwischen der Arbeit des Kindes, die nur auf den Selbstaufbau gerichtet ist, und der Arbeit des Erwachsenen, die außerhalb dieser Tätigkeit liegende Ziele verfolgt.

Die Bedeutung des Spiels als Schonraum und Rückzugsmöglichkeit zum Ausdruck von Wünschen, Sehnsüchten und Spannungen ist eine fehlende Dimension der Montessori-Pädagogik. Für Maria Montessori ist die Entwicklung des Kindes ausschließlich nach vorn gerichtet. Es gilt, den Persönlichkeitsaufbau und die kognitive Entwicklung voranzutreiben. Insbesondere wendet sie sich gegen das Phantasiespiel. Sie glaubt, dass Kinder durch Erwachsenenphantasien künstlich in der Spielwelt zurückgehalten werden. Oerter (1997) bezeichnet Montessoris Standpunkt zum Spiel als einzige „Todsünde“

der Montessori-Pädagogik. Spiel dient vielmehr der „mentalen Hygiene“ und ist Basis einer gesunden, kindlichen Entwicklung. Spiel hilft dem Kind bei der Bewältigung von Anforderungen, hilft bei der Bewältigung von Erlebnissen, die nicht sofort verarbeitet werden können.

Sozialerziehung und Disziplin

Oft wird die pauschale Kritik geäußert, die Montessori-Pädagogik lasse keinen Raum für Gefühle und für Sozialverhalten. Das Ziel dieser Pädagogik kann jedoch generell als ein soziales bezeichnet werden. Das Kind im Kinderhaus lernt beispielsweise Rücksicht zu nehmen, um andere nicht bei der Arbeit zu stören. Es lernt zu warten, da jedes Material nur einmal vorhanden ist. Noch mehr gilt dies für das Jugendalter, das als Phase angesehen wird, in der sich der Mensch in seine gesellschaftlichen Bezüge einbettet. Ziel der Pädagogik ist es: Eine so starke Persönlichkeit heranzubilden, die in der Lage ist, sich für eine gerechtere und friedfertigere Welt einzusetzen.

Auch wenn die pauschale Kritik nicht zutreffend ist, so muss doch gesagt werden, dass Emotionalität und Sozialverhalten in der Montessori-Pädagogik nur wenige Facetten aufweisen. Kinder wirken in den Beschreibungen von Maria Montessori in unnatürlicher Weise selbstbeherrscht und diszipliniert. Mit Sicherheit lassen sich nicht alle Tätigkeiten des Kindes, die nicht auf konzentrierte Bewältigung einer Aufgabe gerichtet sind, als „deviante Erscheinungsformen“ abtun. Das gesamte Spektrum auch widersprüchlicher menschlicher Gefühle, eben das „Menschliche“, scheint Maria Montessori nicht zu sehen.

Perspektiven

Die zentrale Fragestellung der Montessori-Pädagogik ist nach wie vor aktuell: Wie lässt sich in einer Pädagogik, die auf Persönlichkeitsbildung des Menschen ausgerichtet ist, das richtige Maß an Selbständigkeit und Unterstützung realisieren?

Die Montessori-Pädagogik läuft jedoch mancherorts Gefahr, eine festgefahrene Erziehungsmethode zu sein. Sie bildet sich aus einem Kanon von Materialien, Kriterien zur Gestaltung der Umgebung und Prinzipien des Lehrerinnenverhaltens.

Maria Montessori muss sich der Gefahr einer sich verengenden Erziehungspraxis durchaus bewusst gewesen sein. Am Ende ihres Lebens ermahnte sie: „Ich bin nur ein Instrument, Euch auf das Kind hinzuweisen; seht nicht auf meinen Finger, seht auf das Kind“ (Montessori, zit. nach Günnigmann 1979, 24). Das Kind steht im Zentrum und nicht die Anwendung einer Theorie. Die Aufgabe des Erwachsenen ist es, sich flexibel auf jedes einzelne Kind einzulassen.

Harth-Peter (1997): Kinder sind anders. Maria Montessoris Bild vom Kinde auf dem Prüfstand.

6 Materialisierte Abstraktion – Ausgewählte Montessori-Materialien*

Maria Montessori hat ein umfangreiches Sortiment an Materialien entwickelt, dessen Grundstruktur im vorangegangenen Kapitel erläutert wurde. Das gesamte Material wird in Kinderhäusern, Montessori-Schulen, in der Freien Arbeit in Förderschulen, in Sonderschulen und im Rahmen der schulischen Integration eingesetzt. Das wohl bekannteste Material ist das Sinnesmaterial. Von Maria Montessori wurde es für Kinder zwischen dem 3. und dem 6. Lebensjahr konzipiert, es soll dem Bedürfnis nach innerer Organisation der Früherfahrungen gerecht werden und dient somit als Basis für den Aufbau des geistigen Lebens und der Persönlichkeitsentwicklung. Insbesondere dieses Material wird aber auch in Förderschulen und im Rahmen der schulischen Integration eingesetzt.

Wichtig ist, dass die Materialien nicht beliebig verwendbar sind, sondern eine untrennbare Einheit mit der Erziehungskonzeption bilden.

Einführung und Umgang mit dem Montessori-Material werden in Handbüchern der Montessori-Vereinigung Aachen (1997) genau festgelegt. Die formale Struktur wird diesem Kapitel zugrundegelegt. Inhaltlich erfolgt die Wiedergabe in Anlehnung und modifi-

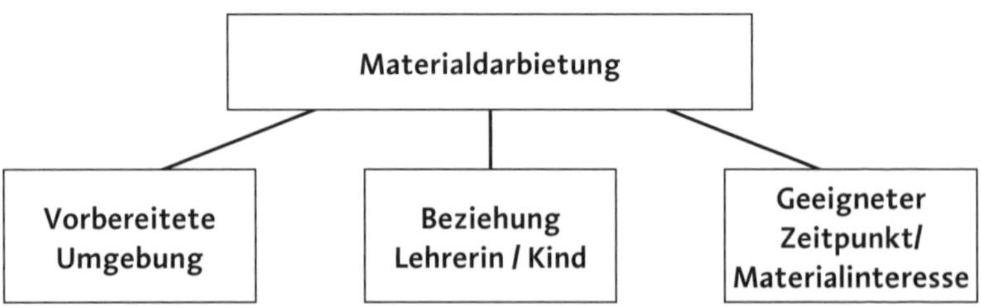

Abb. 8: Materialdarbietung

* Dieses Kapitel entstand unter Mitwirkung von Eileen Sahlmann, Susanne Voigtländer und Friederike Ulisch.

ziert. Im Detail wird als neue Kategorie jeweils die Anwendung im täglichen Leben hinzugefügt. Die Auswahl, die keinerlei Anspruch auf Vollständigkeit erhebt, rückt bewusst das Sinnesmaterial ins Zentrum (eine ausführliche Materialübersicht befindet sich im Anhang).

Das Sinnesmaterial

Verschiedene Sinne werden isoliert angesprochen. Das Kind soll durch Erfahrung zu klaren Abstraktionen gelangen. Aus dem umfangreichen Sinnesmaterial wird das Material zur Schulung folgender Sinne exemplarisch vorgestellt: Sehsinn, Gehörsinn, Geruchssinn, Empfindungssinn (Wärmesinn, Tastsinn, Gewichtssinn).

Sehsinn

Rosa Turm (Abb. 9–12)

Material: Der Rosa Turm besteht aus 10 rosa lackierten Kuben (Würfel), deren Kantenlängen sich jeweils um 1 cm (von 10 cm bis auf 1 cm) verringern.

Alter: Ab 3 Jahren

Ziele:
- Größenunterschiede mit Gesicht- und Tastsinn wahrnehmen.
- Auge-Hand-Koordination beim Schauen und Greifen (Muskelkontrolle und Bewegungskoordination).
- Stärkung der Feinmotorik.
- Aufbau von Ordnungsstrukturen und Serien.
- Statische Erfahrungen sammeln.

Einführung: Die Würfel liegen ungeordnet auf dem Arbeitsteppich des Kindes. Zunächst umfährt die Lehrerin mit beiden Händen den größten Kubus und stellt ihn vor das Kind. Sie verfährt ebenso mit dem nächst kleineren Kubus und stellt ihn langsam und anschaulich auf den ersten, wobei sie auf einen gleichen Seitenabstand und gezielte Bewegungen beim Aufsetzen achtet. Unter Beachtung der Größenunterschiede wird ein Kubus nach dem anderen zum Turm

Abb. 9–12: Rosa Turm

aufgebaut. Nun wird der Turm von der Lehrerin Kubus für Kubus wieder abgetragen. Anschließend hat das Kind die Möglichkeit, die Übung durchzuführen.

Fehlerkontrolle:
Visuell: Mit Zuhilfenahme des kleinsten Kubus kann der Seitenabstand der Kuben kontrolliert werden.

Taktil: Unregelmäßigkeiten im Aufbau des Turmes können durch Entlanggleiten der Hände an den Seiten (hinauf – hinunter) fühlbar werden.

Wortlektion: Benennung der Unterschiede groß – klein (mit Komparativ und Superlativ).

Übungsvorschläge:
- Aufbau des Turmes horizontal.
- Aufeinandersetzen der Kuben über Eck.
- Nach bestimmten Ordnungsprinzipien bauen (10–1, 9–2, 8–3, . . .).
- Turmaufbau mit geschlossenen Augen.
- Aufbau in der Gruppe.
- Kombinationsmöglichkeiten, z. B. mit Brauner Treppe und Roten Stangen.

Anwendung im täglichen Leben:
- Aufmerksamkeit auf Größenabstufungen von Gebrauchsgegenständen lenken (Teller, Tassen, . . .).
- Das Kind große und kleine Gegenstände suchen lassen.

Braune Treppe (Abb. 13–16)

Material: Die Braune Treppe besteht aus 10 Prismen, die sich in 2 Dimensionen unterscheiden, in der Höhe und der Breite. Die Länge ist gleichbleibend 20 cm. Das größte Prisma hat die Maße 20 × 10 × 10 cm, das kleinste die Maße 20 × 1 × 1 cm.

Alter: Ab 3 Jahren

Ziele:
- Aufbau von Ordnungsstrukturen und Serien.

- Visuelle Unterscheidung von Größen.
- Auge-Hand-Koordination beim Schauen und Greifen (Muskelkontrolle und Bewegungskoordination).

Einführung: Die Prismen liegen ungeordnet auf dem Arbeitsteppich des Kindes. Zunächst umfährt die Lehrerin mit beiden Händen das größte Prisma und stellt es vor das Kind. Sie verfährt ebenso mit dem nächst dünneren Prisma und legt es mit der Längsseite an das große Prisma, wobei sie auf gezielte Bewegungen achtet. Unter Berücksichtigung der entsprechenden Reihenfolge werden die einzelnen Prismen langsam, anschaulich und einprägsam zu einer Treppe zusammengefügt. Nun wird die Treppe von der Lehrerin Prisma für Prisma wieder abgebaut. Danach hat das Kind die Möglichkeit, die Übung zu wiederholen.

Fehlerkontrolle:
Visuell: Mit Zuhilfenahme des kleinsten Prismas kann der Abstand zum nächst höheren Prisma kontrolliert werden.

Taktil: Durch Entlanggleiten der Hände werden Unregelmäßigkeiten in der Ordnung der Treppe fühlbar.

Wortlektion: Benennung der Unterschiede dick – dünn (mit Komparativ und Superlativ).

Übungsvorschläge:
- Mit Zeige- und Mittelfinger die einzelnen Stufen der Treppe hinaufsteigen und dabei den Text des Fingerspiels „Geht ein Mann die Treppe hinauf" aufsagen.

- Vertikales Aufbauen.
- Aufbau in der Gruppe.
- Kombinationsmöglichkeiten, z. B. mit Rosa Turm und Roten Stangen.

Anwendung im täglichen Leben:
- Übertragung der Begriffe dick – dünn auf Gegenstände der Umgebung (Hefte, Stifte, Bücher, . . .).
- Das Kind beim Treppensteigen auf die Abstufungen aufmerksam machen.

Abb. 13–16: Braune Treppen

Rote Stangen (Abb. 17–18)

Material: Die Roten Stangen bestehen aus 10 roten Vierkantstäben, die sich in einer Dimension, in der Länge, unterscheiden. Die kürzeste Stange ist 10 cm lang, die längste Stange ist 1 Meter lang. Alle Stangen sind jeweils 2,5 cm breit und 2,5 cm hoch.

Alter: Ab 3 Jahren

Ziele:
- Aufbau von Ordnungsstrukturen und Serien.
- Visuelle Unterscheidung von Längen.
- Übung der Grob- und Feinmotorik.
- Relation von Länge und Gewicht erfahren.
- Auge-Hand-Koordination beim Schauen und Greifen (Muskelkontrolle und Bewegungskoordination).

Einführung: Die Roten Stangen liegen ungeordnet auf dem Arbeitsteppich des Kindes. Die Lehrerin nimmt die längste Stange mit beiden Händen an den Schnittenden und legt sie an den oberen Teppichrand. Dann streicht sie über die ganze Länge der Stange. Anschließend verfährt sie so mit der nächstlängeren Stange und legt sie unter die erste Stange. Dabei achtet sie auf die Linksbündigkeit der Stangen. Sind alle Stangen geordnet, fährt die Lehrerin mit der Hand über die treppenförmigen Abstufungen. Die Längenunterschiede werden mit der kürzesten Stange von der Lehrerin verglichen. Bevor das Kind die Möglichkeit hat, die Übung selbst durchzuführen, trägt die Lehrerin die Stangen nacheinander ab und legt sie ungeordnet auf den Arbeitsteppich.

Fehlerkontrolle:
Visuell: Mit Zuhilfenahme der kürzesten Stange kann die Regelmäßigkeit der Abstufungen überprüft werden. Eine Unregelmäßigkeit der Reihe wird sichtbar.

Taktil: Durch Entlanggleiten der Hände an den treppenförmigen Abstufungen werden Disharmonien der Ordnungsstrukturen fühlbar.

Wortlektion: Benennung der Unterschiede lang – kurz (mit Komparativ und Superlativ).

Abb. 17–18: Rote Stangen

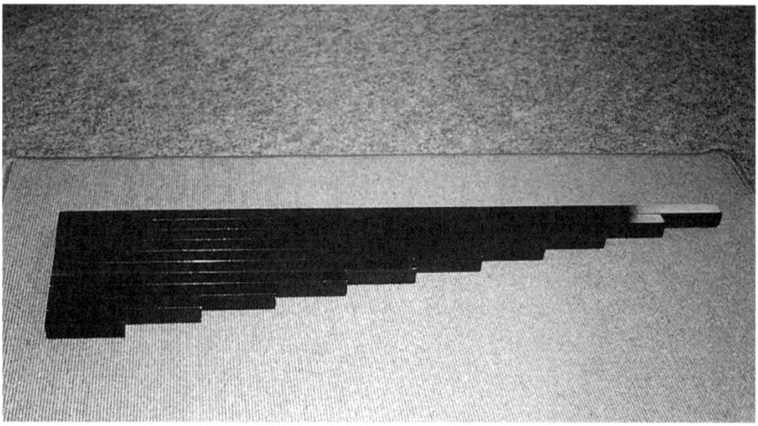

Übungsvorschläge:
- Anordnung der Stangen in umgekehrter Reihenfolge.
- Aufeinanderlegen der Stangen zu einer Mauer.
- Ordnung der Stangen mit geschlossenen Augen.
- Nach bestimmten Ordnungsprinzipien bauen (10–1, 9–2, 8–3, . . .).
- Stangen über Kreuz legen.
- Kombinationsmöglichkeiten, z. B. mit Rosa Turm und Brauner Treppe.

Anwendung im täglichen Leben:
- Aufmerksamkeit der Längenunterschiede auf Gegenstände der Umgebung lenken.
- Dinge gleicher – verschiedener Länge suchen lassen.

Einsatzzylinder (Abb. 19–22)

Material: Die Einsatzzylinder bestehen aus 4 Naturholzblöcken mit je 10 Zylindern mit Knöpfen und entsprechenden Aussparungen. Die Zylinder haben unterschiedliche Dimensionen.

Block A: Die Zylinder verändern sich in 1 Dimension, in der Höhe. Der Durchmesser ist gleichbleibend. Die Höhe nimmt gleichmäßig zu.

Block B: Die Zylinder verändern sich in 2 Dimensionen, in der Breite und der Länge (Durchmesser). Die Höhe ist gleichbleibend, der Durchmesser nimmt gleichmäßig zu.

Block C: Die Zylinder verändern sich in 3 Dimensionen, in der Höhe und im Durchmesser (Länge und Breite). Höhe und Durchmesser nehmen gleichmäßig zu.

Block D: Die Zylinder verändern sich in 3 Dimensionen, in der Höhe und im Durchmesser (Länge und Breite). Der Durchmesser nimmt gleichmäßig zu, zugleich verringert sich die Höhe gleichmäßig.

Alter: Ab 3 Jahren

Ziele:
- Erkennen und Unterscheiden von Dimensionen bei gleichbleibender Form.

- Erkennen, wie Körper und Hohlraum einander entsprechen.
- Ausbildung der Feinmotorik.
- Vorbereitung auf das Schreiben (Stifthaltung und Dreifingergriff).

Einführung: Die Blöcke werden einzeln eingeführt, es empfiehlt sich mit Block B zu beginnen, da die Zylinder die gleiche Höhe haben, und ein Fehler in der Ordnungsstruktur sofort sichtbar wäre.

Der Block steht auf dem Arbeitsteppich des Kindes, der dickste Zylinder befindet sich links vom Kind. Die Lehrerin nimmt den dicksten Zylinder aus dem Block und stellt ihn davor. Dabei achtet sie darauf, dass sie dem Kind deutlich zeigt, wie der Knopf mit 3 Fingern angefasst wird. Anschließend wird der dünnste Zylinder aus der Öffnung genommen, um dem Kind den Unterschied deutlich zu machen. Wenn alle Zylinder aus den Öffnungen genommen wurden, werden sie ungeordnet auf den Tisch oder den Arbeitsteppich gestellt. Die Lehrerin nimmt sich einen beliebigen Zylinder, umfährt und betrachtet ihn aufmerksam, schaut sich die Vertiefungen des Blockes an und vergleicht Zylinder und Vertiefung miteinander, indem sie Zylinder und Vertiefung befühlt. Sie steckt den Zylinder in die passende Vertiefung. Ebenso verfährt sie mit den anderen Zylindern. Nachdem alle Zylinder in ihre Vertiefungen gesteckt wurden, hat das Kind die Möglichkeit, die Übung zu wiederholen und sich nach und nach alle Blöcke zu erarbeiten.

Fehlerkontrolle:

Visuell: Falsch eingesetzte Zylinder werden sichtbar.

Taktil: Durch Entlanggleiten der Hände über die Blöcke werden falsch eingesetzte Zylinder fühlbar.

Wortlektion:

Block A: Benennung der Unterschiede hoch – niedrig (mit Komparativ und Superlativ).

Block B: Benennung der Unterschiede dick – dünn (mit Komparativ und Superlativ).

Block C: Benennung der Unterschiede groß – klein (mit Komparativ und Superlativ).

Block D: Benennung der Unterschiede hoch – schmal – niedrig – breit (mit Komparativ und Superlativ).

Abb. 19–22: Einsatzzylinder

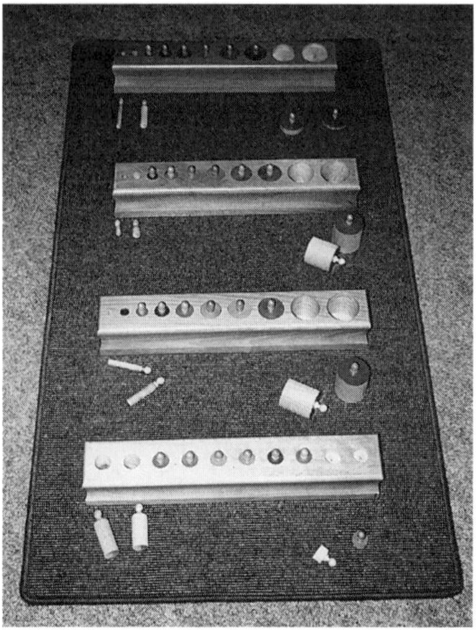

Übungsvorschläge:
- Durchführung der Grundübung mit geschlossenen Augen.
- Durchführung der Übung mit mehreren Blöcken gleichzeitig.
- Bildung von Reihen ohne Zuhilfenahme der Blöcke.
- Suchen von Zylindern mit gleichen Dimensionen.

Anwendung im täglichen Leben:
- Vergleich der Dimensionen von Gegenständen der Umgebung.

Farbige Zylinder (Abb. 23–25)

Material: Die Farbigen Zylinder bestehen aus 4 Serien, deren knopflose farbige Zylinder den Dimensionen der 4 Blöcke der Einsatzzylinder entsprechen. Jede Serie hat eine einheitliche Farbe und besteht aus je 10 Zylindern, die in einer Holzkiste mit gleichfarbigem Deckel aufbewahrt werden.

Serie 1: Rot (entspricht Block B)
Serie 2: Gelb (entspricht Block C)
Serie 3: Grün (entspricht Block D)
Serie 4: Blau (entspricht Block A)

Alter: Ab 4 Jahren

Ziele:
- Erkennen, Vergleichen und Aufbauen von Serien.
- Bildung von Ordnungsstrukturen.
- Festigung der Erkenntnisse aus der Arbeit mit den Einsatzzylindern (Unterscheiden von Dimensionen bei gleichbleibender Form).

Einführung: Es empfiehlt sich mit den gelben Zylindern zu beginnen, da sie in der Handhabung am einfachsten sind. Die Lehrerin nimmt die gelben Zylinder aus dem Kasten und stellt sie auf den Arbeitsteppich des Kindes. Sie stellt den größten Zylinder an den Anfang und bildet durch Vergleichen und Nebeneinanderstellen der Zylinder eine sich gleichmäßig verändernde Reihe. Dabei achtet sie auf gezielte Bewegungen. Im Anschluss fährt die Lehrerin über die stufenförmige Anordnung der Zylinder. Nachdem die Lehrerin die Zylinder wieder ungeordnet auf den Arbeitsteppich des Kindes gestellt hat, hat dieses nun die Möglichkeit, die Übung selbst zu wiederholen und sich so die anderen Serien zu erarbeiten.

Fehlerkontrolle:
Visuell: Eine Unregelmäßigkeit wird in jeder Reihe sichtbar.

Taktil: Durch Entlanggleiten der treppenförmigen Abstufung (außer Serie 1 – Rot) werden Disharmonien der Ordnungsstrukturen fühlbar.

Wortlektion: Die Lehrerin wendet die bei den Einsatzzylindern vermittelten Begriffe an und führt eventuell die Begriffe Höhe und Durchmesser ein.

Übungsvorschläge:
- Bildung von Reihen und Ordnungsstrukturen.
- Durchführung der Übung mit geschlossenen Augen.
- Vergleichen von Serien: Rot – Gelb (Durchmesser), Rot – Grün (Durchmesser), Blau – Gelb (Höhe), Blau – Grün (Höhe), Gelb – Grün (Höhe und Durchmesser), . . .

Anwendung im täglichen Leben:
- Anwendung der gelernten Begriffe beim Rosa Turm, Braune Treppe und Einsatzzylinder.
- Suchen von Gegenständen in der Umgebung, die verschiedene Dimensionen aufweisen.

Farbtäfelchen – Kasten 1 (Abb. 26–27)

Material: Der Kasten 1 der Farbtäfelchen ist ein Holzkasten, der 3 Farbpaare der Grundfarben Rot, Blau und Gelb enthält. Die Täfelchen haben beidseitig eine Leiste, die dem Anfassen dient.

Alter: Ab 3 Jahren

Ziele:
- Kennenlernen der Grundfarben.
- Entwicklung des Farbsinnes.
- Farben zuordnen, benennen und Paare gleicher Farbe bilden.

Abb. 23–25: Farbige Zylinder

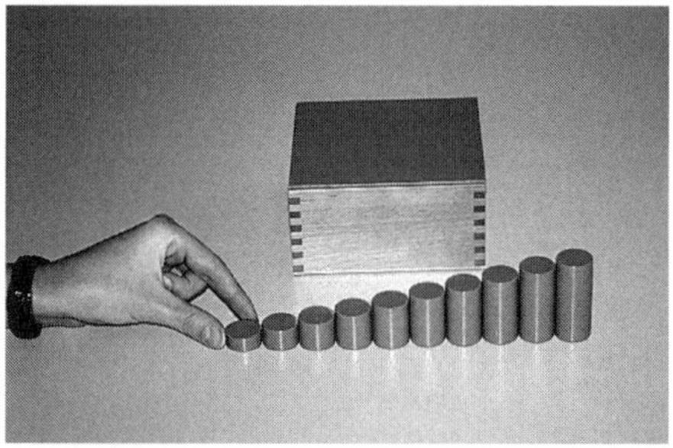

Einführung: Die Lehrerin nimmt den Kasten und mischt die Täfelchen. Sie nimmt die Täfelchen gemischt heraus, indem sie diese mit beiden Händen an dem weißen Rand anfasst. Anschließend nimmt sie 2 gleichfarbene Täfelchen und legt sie nebeneinander auf den Arbeitsteppich. Dann wählt sie ein anderes Täfelchen und legt es unter das Farbpaar. Nun sucht sie unter den übrigen Täfelchen das farbgleiche und legt es dazu. Das letzte Paar wird unter die beiden anderen Paare gelegt. Nachdem die Lehrerin die Täfelchen wieder gemischt hat, hat nun das Kind die Möglichkeit, die Übung zu wiederholen.

Fehlerkontrolle:
Visuell: Durch optisches Vergleichen werden Unregelmäßigkeiten in der Paarbildung sichtbar.

Wortlektion: Benennung der Farben Rot, Blau, und Gelb.

Übungsvorschläge:
- Die Lehrerin legt ein Farbtäfelchen auf den Arbeitsplatz und das Kind hat die Aufgabe, das passende dazuzulegen.

Anwendung im täglichen Leben:
- Eine Farbe wählen und das Kind farbgleiche Gegenstände in der Umgebung suchen lassen.

Farbtäfelchen – Kasten 2

Material: Der Kasten 2 der Farbtäfelchen besteht aus einem Holzkasten mit je 2 Täfelchen der Farben Gelb, Orange, Rot, Rosa, Blau, Violett, Grün, Braun, Schwarz, Weiß und Grau. Insgesamt sind es 11 Farbpaare.

Alter: Ab 3 Jahren

Ziele:
- Vertiefung der Grundfarben Rot, Blau und Gelb.
- Kennenlernen der Mischfarben und der Nichtfarben (Schwarz und Weiß).
- Schulung des Farbverständnisses.

Einführung: Die Lehrerin nimmt den Kasten und legt die Täfelchen gemischt auf den Arbeitsteppich des Kindes, indem sie diese an dem weißen Rand anfasst. Die Lehrerin beginnt das Paaren mit den bereits erarbeiteten Grundfarben Rot, Blau und Gelb und legt diese Paare auf den Arbeitsteppich nebeneinander. Dann verfährt sie ebenso mit den anderen Farbtäfelchen, indem sie diese mit Hilfe von Vergleichen zu Paaren zusammenfügt. Nachdem die Lehrerin die Täfelchen gemischt hat, hat das Kind die Möglichkeit, die Übung zu wiederholen.

Fehlerkontrolle:
Visuell: Durch optischen Vergleich werden Unregelmäßigkeiten in der Paarbildung sichtbar.

Wortlektion: Benennung der Farben Gelb, Orange, Rot, Rosa, Blau, Violett, Grün, Braun, Schwarz, Weiß und Grau.

Übungsvorschläge:
- Die Lehrerin legt ein Farbtäfelchen auf den Arbeitsteppich und lässt das passende Täfelchen zuordnen.

Anwendung im täglichen Leben:
- Suchen von farbgleichen Gegenständen in der Umgebung.

Farbtäfelchen – Kasten 3

Material: Der Kasten 3 der Farbtäfelchen besteht aus einem Holzkasten, der in 9 Fächer unterteilt, in dem je 7 Täfelchen in den Abstufungen von hell bis dunkel zu finden sind. Der Kasten 3 enthält die Farbreihen Gelb, Orange, Rot, Weinrot, Blau, Violett, Grün, Braun und Grau.

Alter: Ab 3 Jahren

Ziele:
- Erkennen, Wahrnehmen und Unterscheiden von Farbnuancen (Schattierungen).
- Bilden von Farbreihen.
- Entwicklung einer Farbharmonie.

Abb. 26–27: Farbtäfelchen

Einführung: Die Lehrerin nimmt den Kasten 3 der Farbtäfelchen und stellt ihn auf den Arbeitsteppich des Kindes. Sie wählt die Täfelchen einer Farbe und mischt diese. Anschließend nimmt sie die beiden kontrastreichsten Täfelchen heraus und vergleicht sie miteinander. Zwischen diesen beiden Täfelchen ordnet sie die übrigen Farbtäfelchen entsprechend ihrer Schattierungen ein, so dass eine gleichmäßig abgestufte Farbreihe entsteht. So wird mit allen Farbreihen verfahren. Nachdem die Lehrerin die Täfelchen wieder gemischt hat, hat das Kind die Möglichkeit, die Übung zu wiederholen.

Fehlerkontrolle:
Visuell: Durch optischen Vergleich werden Unregelmäßigkeiten der Paarungen erkennbar.

Wortlektion: Benennung der Unterschiede hell – dunkel (mit Komparativ und Superlativ).

Übungsvorschläge:
- Ordnungsstrukturen vom hellsten bis zum dunkelsten Täfelchen und umgekehrt bilden.
- Die Lehrerin nimmt ein Täfelchen aus der Reihe und lässt das Kind den Farbsprung finden.
- Bilden von Ornamenten (z. B. Sterne: innen hell und außen dunkel).

Anwendung im täglichen Leben:
- Herstellen der Farbreihen mit Wasserfarben.

Gehörsinn

Glocken (Abb. 28–29)

Material: Zu den Glocken gehören 2 grüne Bretter, auf denen weiße und schwarze Felder wie die Tasten auf dem Klavier angeordnet sind. Hinter diesen Feldern stehen den Farben entsprechend 8 Glocken mit weißem Fuß und 5 Glocken mit schwarzem Fuß. Diese Reihe enthält die Tonfolge von C bis C. Weiterhin gibt es 13 Glocken (derselben Tonfolge) mit braunem Fuß. Das Material wird vervollständigt durch einen Klöppel und einen Dämpfer.

Abb. 28–29: Glocken

Alter: Ab 3 Jahren

Ziele:
- Wahrnehmung und Unterscheidung unterschiedlicher Tonhöhen.
- Vorbereitung einer musikalischen Ausbildung durch das Bilden von Tonpaaren und Tonreihen.
- Kennenlernen und Unterscheiden der Begriffe hoch – tief.
- Übung der Feinmotorik.

Einführung: Die Glocken mit dem weißen Fuß stehen in der richtigen Tonfolge hinter den weißen Feldern. Die braunen Glocken stehen ungeordnet an der Seite. Die Lehrerin nimmt eine dieser Glocken, stellt sie vor die Tastaturbretter und schlägt sie mit dem Klöppel am unteren Rand an. Den Klöppel hält sie so, dass er nach unten hängt, locker am äußeren Ende des Griffes. Sie hört aufmerksam auf den Ton. Nun soll das Kind das Ganze wiederholen und sich mit geschlossenen Augen auf den Ton konzentrieren. Nach dieser vorbereitenden Übung schlägt die Lehrerin die weiße Glocke mit dem tiefsten Ton an und horcht. Nun wird eine braune Glocke vor die weiße gestellt, beide werden angeschlagen und verglichen. Stimmen die Töne nicht überein, schiebt die Lehrerin die braune Glocke zur Seite, nimmt eine andere und vergleicht sie wieder mit der weißen Glocke. Das macht sie so lange, bis die passende gefunden ist. Ist dies geschehen, stellt sie die braune Glocke, die dieselbe Tonhöhe hat wie die weiße, auf das Feld vor dieser. So verfährt sie auch mit den anderen braunen Glocken bis alle eingeordnet sind. Nachdem die Glocken zur Seite gestellt worden sind, kann das Kind die Übung wiederholen.

Die braunen Glocken stehen ungeordnet auf dem Tisch. Die Lehrerin wählt beliebig eine Glocke aus, stellt sie vor sich und schlägt sie an. Nun nimmt sie eine nächste und vergleicht sie mit der ersten. Ist der erklingende Ton tiefer, stellt sie die zweite Glocke links von der ersten hin, ist er höher, gehört sie rechts neben die erste Glocke. Alle Glocken werden entsprechend eingeordnet. Nun hat das Kind die Möglichkeit, die Übung zu wiederholen.

Fehlerkontrolle:
Auditiv: Durch Vergleichen mit den weißen Glocken werden Fehler hörbar.

Wortlektion: Kennenlernen der Begriffe hoch – tief in Bezug auf Töne (mit Komparativ und Superlativ).

Übungsvorschläge:
- Reihenbildung von der höchsten, der tiefsten, einer mittleren Glocke.
- Einordnen einer Glocke in eine Reihe.
- Erkennen einer fehlenden Glocke in einer Reihe.

Geräuschdosen (Abb. 30–31)

Material: Das Material besteht aus 2 Kästen mit jeweils 6 Holzdosen, die mit verschiedenen Materialien (z. B. Steine, Nüsse, Reis, Sand usw.) gefüllt sind. Die Dosen der einen Kiste haben rote, die der anderen blaue Deckel. Der Inhalt der Dosen verursacht beim Schütteln Geräusche unterschiedlicher Art und Lautstärke. Die Serie der roten Dosen ist identisch zur Serie der blauen Dosen.

Alter: Ab 3 Jahren

Ziele:
- Wahrnehmung und Differenzierung von Geräuschunterschieden mit Hilfe des Hörsinnes.
- Training des auditiven Gedächtnisses.
- Bilden von Paaren, Reihen und Ordnungsstrukturen.
- Schulung der Motorik beim Schütteln.
- Übung der Auge-Hand-Koordination beim Schauen und Greifen.

Einführung: Die Dosen aus einem Kasten, z. B. die mit den roten Deckeln, werden in einer Reihe auf eine Seite des Tisches gestellt. Nun nimmt man die erste Dose, schüttelt sie am Ohr und hört aufmerksam zu. Wenn man dabei die Augen schließt, wird die eigene und die Konzentration des Kindes auf das Hören gelenkt. Die Dosen des anderen Kastens (blau) werden jetzt auf die andere Seite des Tisches gestellt und eine nach der anderen mit der schon gehörten, roten Dose verglichen. Ist der Klang nicht identisch, wird die blaue Dose an das Ende der Reihe gestellt und die nächste Dose mit der roten Originaldose verglichen. Sind sie identisch, wird das Paar der beiden Dosen in die Mitte zwischen die beiden Reihen gestellt und

Abb. 30–31: Geräuschdosen

die nächste rote Dose wird mit den blauen Dosen verglichen. So fährt man fort, bis alle Dosen gepaart sind. Nun kann das Kind die Übung wiederholen.

Fehlerkontrolle:
Auditiv: Die Fehlerkontrolle erfolgt durch Hören. Außerdem befinden sich unter den Dosen Markierungen, mit deren Hilfe man die Übereinstimmung der Paare kontrollieren kann.

Wortlektion: Kennenlernen der Begriffe und Unterschiede laut – leise (mit Komparativ und Superlativ).

Übungsvorschläge:
- „Merken" des Geräusches einer Dose mit Hilfe des auditiven Gedächtnisses und Holen der dazu passenden Dose (der anderen Kiste) von einem anderen Ort im Raum.
- Bilden von Reihen von „laut" bis „leise", von „leise" bis „laut", von einer Dose mit mittlerer Lautstärke.

Anwendung im täglichen Leben:
- Erkennen und Benennen der Entstehung der Art und der Richtung des Ursprungs eines Geräusches.
- Erkennen und Benennen von Stimmen.

Geruchssinn

Geruchsdosen (Abb. 32–33)

Material: Das Material besteht aus 2 Kästen, von denen der eine hellbraune und der andere dunkelbraune Plastikdosen enthält. Diese sind mit stark riechenden Substanzen gefüllt. Zur Wahrnehmung der Düfte haben die Verschlüsse der Dosen mehrere kleine Öffnungen. Außerdem hat jede Dose noch einen Deckel. Je eine Dose einer Serie ist beispielsweise mit Kaffee, Kakao, Gewürznelken, Zimt, Anis oder Vanille gefüllt. Der Inhalt der Dosen der anderen Serie ist identisch.

Alter: Ab 3 Jahren

Ziele:
- Unterscheidung von Gerüchen.
- Bildung von Paaren.
- Übung der Feinmotorik und der Auge-Hand-Koordination.
- Kennenlernen der Substanzen (Kaffee, Kakao, . . .).

Einführung: Die Lehrerin schraubt alle Deckel von den Dosen einer Kiste (hellbraun) und stellt sie links auf den Tisch. Sie nimmt eine Dose und zeigt dem Kind wie man riecht. Sie atmet langsam durch die Nase ein. Die Übung wird vom Kind wiederholt. Nun nimmt sie die dunkelbraunen Dosen aus der Kiste, entfernt die Deckel und stellt sie auf die rechte Seite. Sie hält eine hellbraune Dose in der linken Hand, eine dunkelbraune in der rechten Hand und vergleicht die Gerüche der beiden. Stimmen sie nicht überein, stellt sie die dunkelbraune Dose zur Seite, nimmt eine neue und vergleicht wieder. So verfährt sie, bis 2 identische Gerüche gefunden sind. Ist dies der Fall, stellt sie das zusammengehörige Paar in die Mitte, nimmt die nächste hellbraune Dose und vergleicht sie mit den dunkelbraunen, bis alle Dosen gepaart sind. Jetzt bittet sie das Kind, die Übung zu wiederholen. Durch das Schließen der Augen kann der Geruch noch intensiver wahrgenommen werden.

Fehlerkontrolle:
Durch nochmaliges Vergleichen und Markierungen unter den Dosen können mögliche Fehler gefunden werden.

Wortlektion: Lernen der Namen der Substanzen (möglichst mit Abbildungen der Pflanzen).

Übungsvorschläge:
- „Merken“ des Geruchs einer Dose und Holen der Dose mit dem identischen Geruch von einem anderen Ort im Raum.

Anwendung im täglichen Leben:
- Wiedererkennen des Geruchs einer Dose an anderer Stelle (bei einer Mahlzeit).
- Vergleich verschiedener Teesorten, Kräuter oder Blumen.
- Vergleich der lebenden und der getrockneten Pflanze.

Abb. 32–33: Geruchsdosen

Empfindungssinn

Wärmeplatten (Abb. 34–35)

Material: In eine Holzkiste gehören 8 Platten derselben Form und Größe. Jeweils 2 von ihnen sind aus demselben Material (Metall, Marmor, Holz, Filz) und bilden ein Paar. Sie unterscheiden sich von den anderen Paaren durch den Temperatureindruck.

Alter: Ab 3 Jahren

Ziele:
- Differenzierung des Wärmesinnes.
- Fühlen der subjektiven Temperatur und Kennenlernen der unterschiedlichen Wärmeleitfähigkeit verschiedener Materialien.
- Bildung von Paaren und Reihen.
- Schulung der Feinmotorik.

Einführung: Die Lehrerin legt eine Platte vor sich und fühlt ihre Temperatur. Dabei geht sie sehr langsam und anschaulich vor. Nun soll das Kind dasselbe tun. Als nächstes wird von der Lehrerin eine Platte ausgewählt, die sich in ihrem Temperatureindruck stark von der ersten Platte unterscheidet. Sie fühlt die erste Platte mit der linken Hand, die zweite Platte mit der rechten Hand und vergleicht. Nun bekommt das Kind die beiden Platten. Es lernt jetzt alle Materialien und ihren Temperatureindruck kennen. Im weiteren Verlauf können dem Kind zur Intensivierung des Temperatureindrucks und um eine visuelle Unterscheidung der Platten auszuschließen, die Augen verbunden werden. Die Paare werden getrennt und rechts und links vor dem Kind hingelegt, so dass 2 identische Serien entstehen. Das Kind nimmt eine Platte von der linken Seite, eine Platte von der rechten Seite und vergleicht die Temperatur beider. Stimmt sie nicht überein, wird die Platte wieder zurück auf die rechte Seite gelegt und eine andere mit der Platte in der linken Hand verglichen. Stimmt der Temperatureindruck überein, werden beide Platten in der Mitte zu einem Paar gelegt. Dies wird so lange fortgeführt bis alle Platten gepaart sind. Es sollte darauf geachtet werden, dass die Platten nicht durch zu langes Halten die Temperatur der Hand annehmen. Zum besseren Verständnis kann auch die gesamte Übung erst von der Lehrerin ausgeführt werden.

Abb. 34–35: Wärmeplatten

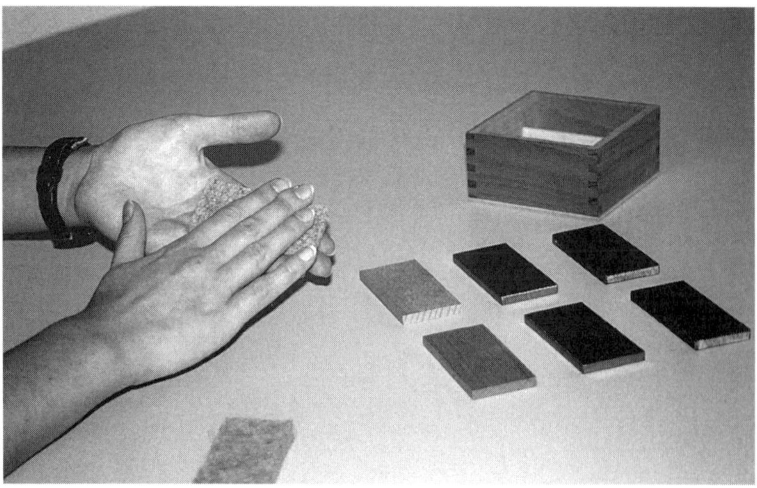

Fehlerkontrolle:
Visuell: Fehler werden sichtbar, da sich die Wärmeplatten optisch unterscheiden.

Wortlektion: Benennung der Begriffe und Unterschiede warm – kalt (mit Komparativ und Superlativ).

Übungsvorschläge:
- Bildung von Reihen, begonnen mit der kältesten, der wärmsten, einer Platte mittlerer Temperatur.

Anwendung im täglichen Leben:
- Kennenlernen des Temperatureindrucks verschiedener Gegenstände und Materialien.

Kasten mit Stoffen (Abb. 36)

Material: In einem Holzkasten befinden sich mehrere Stofflappen, die jeweils paarweise vorhanden sind. Sie unterscheiden sich in der Beschaffenheit der Stoffe, z. B. grob, fein usw. Des weiteren gehört dazu eine Augenbinde.

Alter: Ca. 3 Jahre

Ziele:
- Entwicklung und Verfeinerung des Tastgefühls und der Feinmotorik.

Einführung: Die Lehrerin nimmt die Stofflappen aus dem Holzkasten und ordnet sie paarweise auf dem Arbeitsteppich an. 2 sehr unterschiedliche Paare werden dem Kind präsentiert, anschließend in die Hand genommen und befühlt. Sie fordert das Kind auf, dies ebenfalls zu tun. Nun werden die Stoffe gemischt, und das Kind erhält einen in die Hand. Es befühlt den Lappen und sucht aus den restlichen den dazugehörigen heraus. Jetzt kommen langsam nacheinander die anderen Stoffpaare dazu. Nach einigen Übungen erfolgt die Durchführung mit einer Augenbinde oder mit geschlossenen Augen, um zu einer besseren Konzentration auf das Tastgefühl zu führen.

Abb. 36: Kasten mit Stoffen

Fehlerkontrolle:
Visuell: 2 Stofflappen mit gleichem Muster bilden jeweils ein zusammengehörendes Paar.

Taktil: Die unterschiedliche Beschaffenheit der Stoffe kann durch Befühlen erkannt werden.

Wortlektion: Benennung der Unterschiede glatte Stoffe – rauhe Stoffe, dicke Stoffe – dünne Stoffe, harte Stoffe – weiche Stoffe (mit Komparativ und Superlativ).

Anwendung im täglichen Leben:
- Prüfen der Stoffqualität von Kleidungsstücken.
- Andere Textilien in der Umgebung im Sinne der Wortlektion bestimmen.

Tastbretter (Abb. 37–38)

Material: Die 3 Tastbretter sind jeweils 24 × 12 cm groß und bestehen aus dunklem Holz. Das eine Brett ist in 2 gleich große Quadrate aufgeteilt, wobei das eine glatt lackiert und das andere mit Sandpapier bezogen ist. Die beiden anderen Bretter sind in 9 gleiche Streifen aufgeteilt, die abwechselnd lackiert oder mit Sandpapier bezogen sind.

Alter: Ca. 3 Jahre

Ziele:
- Schulung des Tastsinnes.
- Unterschiedliche Oberflächenbeschaffenheit erkennen.
- Feinmotorik entwickeln.
- Vorbereitung auf das Schreiben.

Einführung: Die Lehrerin nimmt eines der Bretter und zeigt, wie man mit den Fingern langsam und sanft, als schwebten die Finger über die Oberfläche, von oben nach unten über die eine und dann über die andere Fläche tastet. Dieses wird mehrere Male wiederholt. Anschließend erhält das Kind die Möglichkeit, die Übung selbst durchzuführen. Dann nimmt die Lehrerin ein weiteres Brett und berührt es diesmal mit Zeige- und Mittelfinger, denn die Abschnitte sind sehr schmal. An einem Ende des Brettes beginnend, fährt sie leicht von einem Abschnitt zum anderen. Wieder erhält das Kind die Möglichkeit, die Übung selbstständig zu wiederholen.

Fehlerkontrolle:
Taktil: Die unterschiedliche Oberflächenbeschaffenheit ist durch Darüberstreichen erkennbar.

Wortlektion: Benennung der Unterschiede rauh – glatt (mit Komparativ und Superlativ).

Anwendung im täglichen Leben:
- Rauhe und glatte Gegenstände in der Umgebung suchen.

Tasttäfelchen (Abb. 39–40)

Material: Die Tasttäfelchen bestehen aus einem Kasten mit 10 Holzbrettchen (9 × 10 cm), die mit Sandpapier in 5 Abstufungen bezogen sind. Von jeder Abstufung gibt es ein Paar.

Alter: Ab 3 Jahren

Abb. 37–38: Tastbretter

Ziele:
- Schulung des Tastsinnes.
- Unterschiedliche Beschaffenheit rauher Oberflächen erkennen.
- Entwicklung der Feinmotorik.

Einführung: Die Lehrerin legt beide Serien getrennt vor sich auf den Arbeitsteppich und wählt ein Täfelchen aus einer Serie aus, betastet es, sucht dann durch Betasten das passende Täfelchen aus der anderen Serie und legt es daneben. Ebenso verfährt sie mit allen anderen Täfelchen. Anschließend wird das Kind von der Lehrerin aufgefordert, die Übung zu wiederholen.

Fehlerkontrolle:
Taktil: Durch konzentriertes Betasten können die Paare herausgefunden werden.

Wortlektion: Benennung der Unterschiede grob – fein (mit Komparativ und Superlativ).

Anwendung im täglichen Leben:
- Grobe und feine Gegenstände in der Umgebung suchen.

Gewichtsbrettchen (Abb. 41–42)

Material: In einem Holzkasten befinden sich 3 Serien von Holzbrettchen. Jede Serie ist aus einer anderen Holzart angefertigt, deshalb unterscheiden sie sich in Gewicht und Färbung.

Alter: Ca. 3 Jahre

Ziele:
- Entwicklung und Schulung des Gewichtssinnes (barischer Sinn) und der Feinmotorik.

Einführung: Die Lehrerin nimmt jeweils aus der leichtesten und aus der schwersten Serie eine bestimmte Brettchenanzahl heraus, mischt sie und stapelt sie vor dem Kind auf. Nun wird dem Kind gezeigt, wie es die Brettchen wiegen kann. Dazu streckt die Lehrerin beide Arme etwas nach vorn, wobei diese weder den Körper noch den Tisch berühren dürfen und legt sich ein Brettchen auf die Fingerspitzen. Danach wird das Brettchen auch auf die andere Hand gelegt.

Abb. 39–40: Tasttäfelchen

Anschließend, wenn das Kind die Möglichkeit hat, die Übung zu wiederholen, bekommt es auf jede Hand ein Brettchen. Es wiegt sie und vergleicht die Gewichte. Die Lehrerin fordert das Kind auf, alle gleichen Brettchen zusammenzulegen. Dann wiegt es 2 weitere Brettchen ab und ordnet sie zu. Das wird so lange durchgeführt, bis alle Brettchen abgewogen und sortiert sind. Nun kann das Kind die Übungen mit der vollständigen Serie wiederholen.

Fehlerkontrolle:
Visuell: Brettchen mit gleicher Färbung haben das gleiche Gewicht.

Barischer Sinn: Mit Hilfe einer Waage kann der Gewichtssinn kontrolliert werden.

Wortlektion: Benennung der Unterschiede schwer – leicht (mit Komparativ und Superlativ).

Übungsvorschläge:
- Wiegen mehrerer Brettchen gleichzeitig, zum deutlicheren Wahrnehmen des Gewichtsunterschiedes.
- Brettchen mit einer Waage wiegen und versuchen, eine bestimmte Brettchenanzahl einer Serie mit Brettchen einer anderen aufzuwiegen.

Anwendung im täglichen Leben:
- Gegenstände aus der Umgebung wählen, wiegen und Gewichte im Sinne der Wortlektion vergleichen.
- Nach Kategorien leichter – schwerer – gleich schwer ordnen.
- Kinder wiegen sich selbst – wer ist leichter – schwerer – gleich schwer?

Das Sprach- und Mathematikmaterial

Maria Montessori legt größten Wert auf die Bildung des mathematischen Geistes. Das Sinnesmaterial dient zur indirekten Vorbereitung. Aus der Fülle der Mathematikmaterialien seien exemplarisch das goldene Perlenmaterial und die Sandpapierziffern herausgegriffen. Das Kind wird mit dem Perlenmaterial in das Dezimalsystem eingeführt. Ziel ist das Rechnen mit abstrakten Größen. Das Material führt das Kind vom Umgang mit konkreten Perlenmengen schrittweise zur Abstraktion.

Abb. 41–42: Gewichtsbrettchen

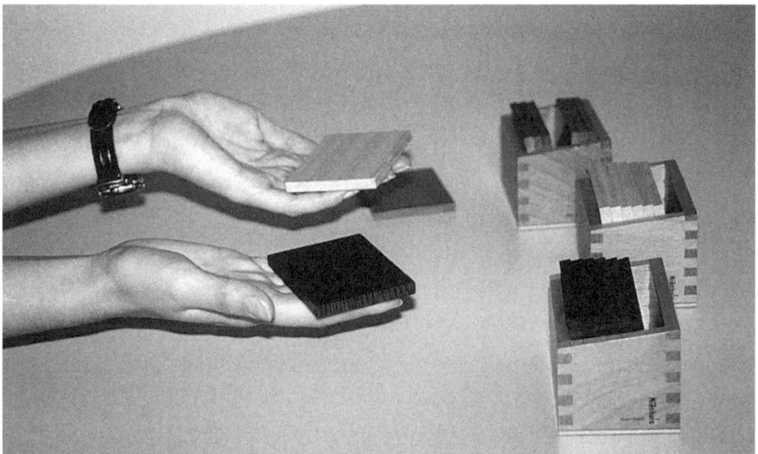

Goldenes Perlenmaterial (Abb. 43)

Material: Das Goldene Perlenmaterial besteht aus losen goldenen Perlen (Einer), aus Stäbchen mit je 10 goldenen Perlen (Zehner), aus Quadraten mit je 100 goldenen Perlen (Hunderter) und aus Kuben mit je 1.000 goldenen Perlen (Tausender). Das Material besteht weiterhin aus mehreren Tabletts.

Alter: Ab 4 Jahren

Ziele:
- Kennenlernen des Dezimalsystems.
- Erfahren der Darstellungsform von Einern, Zehnern, Hundertern und Tausendern.

Einführung: Zur Einführung des Dezimalsystems kann die Lehrerin kommen, wenn das Kind die Mengen im Zahlenbereich von 0 bis 10 kennt. Sie nimmt sich zur Einführung ein Tablett mit 10 Einern, 10 Zehnerstäbchen, 10 Hunderterquadraten und einen Tausenderkubus. Anschließend nimmt sie von jeder Sorte ein Stück und legt es vor das Kind. Unter Berücksichtigung der Dreistufenlektion führt sie die Namen der Kategorien ein, indem sie einen Einer nimmt und sagt: „Das ist ein Einer.“ Ebenso verfährt sie mit den Zehnern, Hundertern und Tausendern. Nachdem sie die Einheiten gemischt hat, fordert sie im Sinne der Dreistufenlektion das Kind auf, ihr eine bestimmte Einheit, z. B. Hunderter, zu geben und dann eine gezeigte Einheit zu benennen.

Um die dezimale Beziehung zwischen den Stellenwerten einzuführen, nimmt die Lehrerin eine Einerperle und ein Zehnerstäbchen und lässt das Kind anhand der Einerperle die Perlen am Zehnerstäbchen zählen. Nach der Feststellung, dass 1 Zehner 10 Einer hat, nimmt sie das Quadrat hinzu und lässt mit dem Zehnerstäbchen die Zahl der Zehner im Quadrat feststellen. „Ein Hunderter hat 10 Zehner“. Ebenso lässt die Lehrerin die Anzahl der Quadrate im Kubus auszählen. „Ein Tausender hat 10 Hunderter“.

Wortlektion: Benennung von Einer, Zehner, Hunderter und Tausender.

Übungsvorschläge:
- Bilden und Bestimmen von Mengen.

Anwendung im täglichen Leben:
- Anwendung der Mengen auf Gegenstände der Umgebung.

Sandpapierziffern (Abb. 44)

Material: Die Sandpapierziffern befinden sich auf farbigen Holztäfelchen in einem Holzkästchen. Es sind die Ziffern von 0 bis 9 vorhanden.

Alter: Ca. 3 Jahre

Ziele:
- Kennenlernen der Ziffern.
- Vorbereitung auf das Ziffernschreiben.

Einführung: Zuerst kann die Lehrerin die Ziffern 1, 2 und 3 einführen. Dazu legt sie die Tafel mit der 1 vor das Kind, fährt mit Zeige- und Mittelfinger langsam die Form nach und sagt: „Eins". Das Kind wird aufgefordert, die Form ebenfalls nachzufahren und „Eins" zu sagen. Genauso wird bei den Ziffern 2 und 3 verfahren (sowie bei allen anderen Ziffern).

Fehlerkontrolle:
Taktil: Unterschiedliche Oberflächenstruktur (Sand und Holz) veranlasst das Kind, der Schreibrichtung zu folgen. Die Lehrerin überprüft den Bewegungsablauf und die Ziffernbenennung.

Übungsvorschläge:
- Ziffer mit geschlossenen Augen nachfahren und benennen.
- Kinder „schreiben" sich gegenseitig eine Ziffer auf die Hand oder auf den Rücken und müssen sie erkennen und benennen.
- Kinder wählen eine Ziffer aus einer ungeordneten Reihe und bilden eine geordnete Reihe.

Maria Montessori betrachtet Schreiben und Lesen als gemeinsamen Prozess. Mit den Sandpapierbuchstaben lernt das Kind die Form der Buchstaben und die dazugehörigen Laute kennen. Dies dient gleichzeitig dem Lese- und Schreiblernprozess.

Abb. 43: Goldenes Perlenmaterial

Abb. 44: Sandpapierziffern

Sandpapierbuchstaben (Abb. 45–46)

Material: Das Material besteht aus rot oder blau lackierten Holzbrettchen, auf die die aus Sandpapier ausgeschnittenen Buchstaben geklebt sind. Die Vokale sind auf die blauen und die Konsonanten auf die roten Brettchen geklebt.

Alter: Ab 3 Jahren

Ziele:
- Erfahren der Form der Buchstaben im Zusammenhang mit ihrem Klang.
- Vorbereitung des Schreibens durch die Übung der Feinmotorik (Muskelkontrolle und Bewegungskoordination).
- Übung der visuellen und taktilen Wahrnehmung und des visuellen und taktilen Gedächtnisses.

Einführung: Zur Einführung wählt die Lehrerin 3 Buchstaben aus dem Sortiment aus. Diese sollten sich in Form und Klang unterscheiden. Die Buchstaben umfährt sie mit Zeige- und Mittelfinger langsam in Schreibrichtung und spricht den Laut dabei phonetisch aus. Das tut sie in Ruhe mehrere Male. Jetzt soll das Kind die Übung wiederholen. Als nächstes überlegt sich erst die Lehrerin und dann das Kind ein Wort, das mit diesem Laut anfängt. Die weitere Darbietung erfolgt in der Dreistufenlektion.

Fehlerkontrolle:
Taktil: Ein fehlerhaftes Umfahren der Buchstaben ist durch die unterschiedliche Beschaffenheit der Oberfläche der Buchstaben und der Brettchen leicht zu fühlen. Auf den richtigen Klang der Buchstaben achtet die Lehrerin.

Übungsvorschläge:
- Buchstabenbrettchen Gegenständen im Raum zuordnen, in deren Namen der Laut vorkommt, deren Namen mit dem Laut beginnt, deren Namen mit dem Laut endet.
- Zu einem Buchstaben Wörter suchen, die mit dem Laut beginnen oder enden und die zu einem bestimmten Bereich gehören, z. B. Tiere, Pflanzen.

Abb. 45–46: Sandpapierbuchstaben

Das kosmische Material

Maria Montessori sieht den Menschen – wie in Kapitel 3 erläutert – in einen kosmischen Schöpfungsplan eingebunden. Aufgabe ist es, dem Kind eine Vorstellung vom Zusammenspiel zwischen Natur und Mensch zu vermitteln. Im Mittelpunkt steht die Verantwortlichkeit für die Natur und der Erwerb von Grundwissen in Geografie, Astronomie, Geologie, Chemie, Physik, Biologie, Politik, Soziologie und Geschichte. So wird den Kindern beispielsweise am Thema „Wasser“ dargelegt, welche Wechselwirkungen zwischen Evolution der Erde und der gegenwärtigen Situation von Natur und Menschheit bestehen. Entsprechendes wird überblickshaft auch für frühe Kulturen in der Geschichte der Menschheit demonstriert. Darüber hinaus stehen dem Kind zahlreiche Experimentierkästen und zwei Globen zur Verfügung. Auf dem ersten Globus wird das Wasser blau und das Land durch Sandpapier dargestellt. Das Kind erfährt, dass die Erde aus diesen beiden Grundelementen besteht. Auf dem zweiten Globus sind die Erdteile unterschiedlich farbig markiert.

In der praktischen Arbeit sollten Materialien auch selbst erstellt und weiterentwickelt werden. Maria Montessori weist in ihren frühen Schriften auf diesen kreativen Umgang mit ihren Materialien hin. Bei der Selbstherstellung sind die bereits dargestellten „materialimmanenten Prinzipien“ zu beachten.

Kreativer Materialumgang

Anregungen für Übungen des praktischen Lebens

Die hier wiedergegebenen Übungen des praktischen Lebens sind der Idee nach einer Sammlung von „Low-cost-Material“ (Anderlik 1996) entnommen. Die Materialsammlung entstand in Schulen und Therapieeinrichtungen in Indien, um die Montessori-Materialien auch Kindern weniger privilegierter Eltern zugänglich zu machen. Die Wiedergabe erfolgt in modifizierter Form.

Steckübung

Material: Eine Schachtel (Größe DIN A4), verschiedene kleine Gegenstände (Steine, Münzen, Pappstreifen), an einer Längsseite einen länglichen und einen runden Schlitz einschneiden.

Ziele:
- Auge-Hand-Koordination.
- Erkennen von Größen und Formen.
- Schulung der Feinmotorik.

Übung:
- Steine und Streifen in die jeweils passende Öffnung einstecken.

Fehlerkontrolle:
Mechanisch.

Öffnen und Schließen von Schlössern

Material: Unterschiedliche Vorhängeschlösser, 1 Holzrahmen mit 3 Klappverschlüssen.

Herstellung:
- Einen Holzrahmen (Bilderrahmen) 30 × 30 cm leimen.
- Auf diesen Rahmen 2 Türen 14 × 30 cm mit Klavierbandscharnieren aufschrauben.
- Riegelklappen und Schelle anschrauben, Riegel schließen.
- Vorhangschlösser in die Schellen einhängen und schließen.

Ziele:
- Auge-Hand-Koordination.
- Schulung der Feinmotorik.

Übung
- Ein Schloss nach dem anderen öffnen, das Interesse liegt in der Handlungsfolge beim Öffnen und Schließen.

Fehlerkontrolle:
Mechanisch.

Gießen durch einen Trichter

Material: Ein Tablett, ein Krug, mehrere kleine Flaschen, ein kleiner Trichter, dessen Ausflussloch in den Hals der kleinsten Flasche passt, so viel gesiebter Sand, dass alle Flaschen gefüllt werden können und der Krug dann leer ist.

Ziele:
- Auge-Hand-Koordination.
- Schulung der Beobachtung.

Übung:
- Die Flaschen werden nacheinander gefüllt.
- Das Interesse gilt dem Erkennen, ob eine Flasche voll ist und dem rechtzeitigen Stoppen der Bewegung.

Übung mit Wasser

Material: Ein Krug voll (lauwarmes) Wasser, eine Schüssel, Seifen (verschiedene Duftsorten), Handtuch, Handcreme.

Ziele:
- Förderung des Körperbewusstseins.
- Differenzierung von Wahrnehmungsqualitäten.

Übung:
- Wasser in die Schüssel gießen, an den Seifen riechen, Gerüche unterscheiden, auswählen, Hände einseifen, reiben bis Schaum entsteht, Schaum über die Hände verteilen, Schaum abwaschen, Hände abtrocknen und eincremen, anschließend die gleiche Übung mit den Füßen durchführen.

Schöpfen

Material: Eine große Schüssel, eine kleine Schüssel, ein Sieb, kleine schwimmende Gegenstände, z. B. Tischtennisbälle, kleine Zapfen, Styroporstückchen, ein Krug Wasser, ein Tablett.

Ziele:
- Auge-Hand-Koordination.
- Schulung der Feinmotorik.

Übung:
- Das Wasser in die große Schüssel gießen, die schwimmenden Gegenstände einzeln mit dem Sieb herausfischen.

Arbeit mit Papier

Material: Verschiedene Arten von Papier, wie Zeitungspapier, Schreibpapier, Krepppapier, Glanzpapier, Packpapier, Behälter.

Ziele:
- Auge-Hand-Koordination.
- Schulung des Gehörsinnes.

Übung:
- Kennenlernen und Namengebung über die Drei-Stufen-Lektion, das Augenmerk liegt in der Schwierigkeit zu reißen und in unterschiedlichen Geräuschen, die beim Reißen entstehen.

Weiterentwicklung von Sinnesmaterialien

Nicht nur Übungen des praktischen Lebens lassen sich durch Alltagsmaterialien gestalten, auch Sinnesmaterial lässt sich kreativ weiterentwickeln und neu erstellen.

Abwandlung der Einsatzzylinder (siehe Abb. 19–22)

Material: Das Material besteht aus 4 Blöcken mit je 10 Quadern, die sich in den Dimensionen analog der „Einsatzzylinder" unterscheiden.

Ziele:
- Aufbau von Ordnungsstrukturen und Serien.
- Visuelle Unterscheidung von Größen.
- Erkennen und Unterscheiden von Dimensionen bei gleichbleibender Form.
- Ausbildung der Feinmotorik.

Veränderungen:
- Statt kreisförmiger Grundfläche quadratische Grundfläche und quaderförmige Vertiefungen.

Übungen: Die Übungen werden analog der verschiedenen Blöcke der Einsatzzylinder durchgeführt.

Abwandlung der farbigen Zylinder (siehe Abb. 31 u. 32)

Material: Das Material besteht aus 4 Kästen mit je 10 losen farbigen Quadern, die sich in den Dimensionen analog der „farbigen Zylinder" unterscheiden.

Ziele:
- Serien erkennen, aufbauen, vergleichen.
- Ordnungsstrukturen bilden.

Veränderungen:
- Statt kreisförmiger Grundfläche quadratische Grundfläche.
- Statt Zylinder Quader.

Übungen: Die Übungen werden analog der „farbigen Zylinder" durchgeführt.

„Neues" Sinnesmaterial

Farbige Gummis

Material: Das Material besteht aus 10 Gummis (5 Paare) unterschiedlich starker Dehnbarkeit, wobei je 5 dieselbe Farbe haben. An den Enden befinden sich verschiedenfarbige Knöpfe (zur Fehlerkontrolle).

Ziele:
- Bildung von Paaren anhand unterschiedlicher Dehnbarkeit.
- Erkennen des Zusammenhanges von Dehnbarkeit und Kraftaufwand.

Übungen – Umgang:
- Je ein Ende in einer Hand, Kind dehnt Gummi.
- Aus restlichen Gummis sucht das Kind das Gummiband, bei dem es die gleiche Kraft aufwenden muss. So verfährt es mit allen anderen.

Fehlerkontrolle: Anhand einer Farbvorlage stellt das Kind fest, ob Paare richtig gebildet sind, z. B. blaue und grüne Knöpfe bilden ein Paar.

Steckringe

Material: Das Material besteht aus 10 Ringen mit unterschiedlichen Durchmessern. Ein Loch in der Mitte jedes Ringes ermöglicht das Prüfstecken auf einen Stab. Sind alle Ringe der Größe nach (unten am größten, oben am kleinsten) aufeinandergesteckt, ergibt sich ein Kegel.

Ziele:
- Erfahrung von Größenunterschieden bei gleichbleibender Form.
- Bilden von Ordnungsstrukturen.
- Ausbildung der Feinmotorik.

Übung – Umgang:
- Ringe der Größe nach (von groß zu klein) auf Stab stecken.
- Umgekehrte Ordnungsstruktur bilden (unten: klein; oben: groß).

Fehlerkontrolle:
Visuell.
Taktil: Unregelmäßigkeiten in der Ordnungsstruktur sind durch Heruntergleiten mit den Händen fühlbar.

Taststraße

Material: Die Taststraße besteht aus mehreren Feldern gleicher Größe, auf die unterschiedliche Materialien (z. B. Sand, Kies, Kork, Reis, Styropor, Schaumstoff usw.) geklebt sind.

Ziele:
- Entwicklung des Tastsinnes.

Übung – Umgang:
- Barfuß auf einzelnen Feldern entlanggehen (evtl. Material dabei erkennen).
- Felder mit Händen betasten (mit verbundenen Augen).

Fehlerkontrolle:
Visuell.

Tipps zur Herstellung:
- Befestigung der Materialien mit Heißklebepistole.
- Felder mit Holzstäben umrahmen.

Hörmemory

Material: 10 Filmdosen (o. ä.), die mit 5 verschiedenen Materialien (z. B. Steine, Nüsse, Reis, Sand, Stecknadeln usw.) gefüllt sind. Zusammengehörende Paare haben an der Unterseite gleiche Farbpunkte (Fehlerkontrolle).

Ziele:
- Verfeinerung des Hörsinnes.
- Bildung von Paaren mittels Vergleich.

Übung – Umgang:
- Durch Schütteln vergleichen, Bildung von zusammengehörenden Paaren.

Fehlerkontrolle:
Visuell (Farbpunkt an Dosenunterseite).

Geruchsmemory

Material: 10 verschließbaren Glasgefäßen, die mit 5 verschiedenen Materialien mit starkem Geruch (z. B. Zimt, Pfeffer, Obststücke, Blumen, ätherische Öle usw.) gefüllt sind (zusammengehörende Paare haben an der Unterseite gleiche Farbpunkte).

Ziele:
- Verfeinerung des Riechsinns.
- Bildung von Paaren mittels Vergleich.

Übung – Umgang:
- Bildung von Paaren mittels Riechens, Vergleichens.

Fehlerkontrolle:
Visuell durch Glasgefäß, Farbpunkte an der Unterseite.

Musiksuche

Material: 10 Gläsern, welche mit unterschiedlich viel Flüssigkeit (z. B. Wasser) gefüllt sind. Weiterhin gehört zum Material ein Klöppel zum Anschlagen der Gläser.

Ziele:
- Verfeinerung des Hörsinns.
- Bildung der Reihe (hohe Töne – tiefe Töne).

Übung – Umgang:
- Gläser stehen ungeordnet.
- Mit Klöppel anschlagen.
- Gläser nach Tonhöhe ordnen.

Fehlerkontrolle:
Auditiv.
Eventuell *Farbkontrolle* (Farbpunkte auf Glasunterseite vergleichen mit Farbkarte).

Fühlmemory

Material: verschlossener Kasten, in dem eine Öffnung aus Stoff (nur die Hand passt hinein) angebracht ist. Im Kasten befindet sich eine gerade Anzahl (wie selbst gewählt) von flachen Bauklötzen. Je 2 Stück sind auf einer Seite mit speziellen strukturverschiedenen Materialien beklebt (z. B. Reis, Sandpapier, Stoff, Kies, Papierknöllchen, Körner usw.).

Ziele:
- Verbesserung des taktilen Sinnes.
- Bildung von Paaren.

Übung – Umgang:
- Alle Memorysteine im Kasten.
- Kind steckt beide Hände durch Öffnung.
- Nimmt in eine Hand einen Memorystein.
- Sucht mit der anderen Hand den dazugehörigen Stein.

Fehlerkontrolle:
Visuell nach Herausnahme der beiden gewählten Steine.

7 Traditionelle Montessori-Einrichtungen

Die Montessori-Pädagogik ist heutzutage in vielen verschiedenen Ländern in unterschiedlichen Formen lebendig. In Deutschland gibt es eine Vielzahl von Montessori-Vereinen, die auf örtlicher Ebene als Träger der einzelnen Einrichtungen fungieren. Die Vereine wiederum sind in der „Aktionsgemeinschaft deutscher Montessori-Vereine" zusammengeschlossen. Darüber hinaus sind zwei Gesellschaften zu erwähnen: Die „Deutsche Montessori-Gesellschaft" und die „Montessori-Vereinigung, Sitz Aachen". Während die „Deutsche Montessori-Gesellschaft" in ihrer Konfession unabhängig ist, ist die „Montessori-Vereinigung, Sitz Aachen" katholisch ausgerichtet. Diese überregionalen Montessori-Gesellschaften organisieren Fortbildungen, in denen das offizielle Montessori-Diplom erworben werden kann. Nach Angaben des Montessori Dachverbandes Deutschland e.V. arbeiten Anfang der 21. Jahrhunderts in Deutschland über 1 000 Schulen und Kitas nach den Prinzipien der Montessori-Pädagogik. Hierunter fallen etwa 600 Kinderhäuser. Zu den über 400 Schulen, die nach den Prinzipien der Montessori-Pädagogik arbeiten, sind Details anzumerken. Etwa 300 Schulen sind Primarschulen und etwa 100 Schulen weiterführende Schulen. Von den Montessori-Schulen sind etwa 60 % in freier Trägerschaft und werden weitgehend als „reine" Montessori-Schulen geführt. An den staatlichen Schulen existieren teilweise nur Montessori-Zweige. Von den Schulen in freier Trägerschaft sind etwa 10 % in kirchlicher Trägerschaft. Der übrigen Anzahl der genannten Schulen liegen weitgehend Elterninitiativen zu Grunde. Die Primarschulen sind fast ausschließlich staatliche Schulen. Die Verteilung der weiterführenden Schulen gestaltet sich wie folgt:

- Gymnasien 40%,
- Gesamtschulen 25%,
- Hauptschulen 20%,
- Realschulen 15%.

(Quelle: www.montessori-deutschland.de, 05.04.2011)

Montessori-Schulen existieren in allen Bundesländern, wobei Bayern und Berlin jedoch eine deutlich höhere Anzahl vorzuweisen haben als Norddeutschland. An dieser Stelle sollen zunächst tradionelle Montessori-Einrichtungen vorgestellt werden. Traditionell bedeutet, dass die Einrichtung in einer der genannten Trägerschaften ist und hier diplomierte Montessori-Pädagoginnen entsprechend der Montessori-Pädagogik arbeiten.

Sowohl in Montessori-Kinderhäusern als auch in Montessori-Schulen gilt das Prinzip der „Altersmischung“ (siehe Kapitel 4, Erziehung als „Hilfe zum Leben“). Kinder jeweils dreier Jahrgänge werden in einer Gruppe zusammengefasst. Die Altersmischung verfolgt verschiedene Ziele:

Kognitive Ziele

- Weckung von Interesse für zukünftige Aufgaben bei den jüngeren Kindern.
- Fähigkeit, Wissen zu strukturieren und verständlich weiterzugeben für die älteren Kinder.

Soziale Ziele

- Eingeübte Regeln des Gemeinschaftslebens werden von jüngeren Kindern leichter übernommen, wenn sie nicht nur von den Erwachsenen, sondern auch von den älteren Kindern modellhaft gelebt werden (Stein 1998a, 9ff).

Kinderhaus

Nach den Vorstellungen von Maria Montessori werden jeweils Gruppen von 30–40 Kindern gebildet, wobei jede Gruppe aus mindestens 3 verschiedenen Altersjahrgängen besteht (3–6 Jahre). Die heutige Gruppengröße umfasst ca. 25–30 Kinder. Die einzelnen Gruppen werden räumlich nicht völlig voneinander getrennt, sondern nur durch kindgerechte Schränke abgegrenzt. Die Kinder sollen untereinander Kontakt aufnehmen können. Insbesondere die jüngeren Kinder sollen von den älteren Kindern lernen können. Die älteren Kinder wiederum sollen die Möglichkeit haben, zu Arbeitsaufgaben zurückzukehren, die sie sicher bewältigen können. Die Umgebung des Kinderhauses muss folgende Kriterien erfüllen:

Ästhetik: Die Räume sollen ansprechend gestaltet werden, um das Kind zur Konzentration anzuregen.

Fehlerkontrolle: Die Umgebung soll nicht „kindsicher" sein, sondern sie soll dem Kind „ungeschickte Erfahrungen" mit Gegenständen ermöglichen.

Ordnung: Sowohl Räumlichkeiten als auch Anordnung der Gegenstände müssen eine klare und für das Kind einsichtige Grundstruktur aufweisen.

Selbständigkeit: Möbel und Gegenstände müssen kindgerecht sein und es jedem Kind ermöglichen, sich selbstständig im Raum zu bewegen.

Aufforderungscharakter: Die Umgebung wird durch das Material geprägt. Das Material muss für das Kind eine Anziehungskraft besitzen.

Die Basis für die Arbeitsweise im Kinderhaus bilden die Übungen des täglichen Lebens. Sie umfassen die Übungen des praktischen und des sozialen Lebens. Übungen des praktischen Lebens erschließen modellhaft Handlungsabläufe des Alltags. In den Übungen des sozialen Lebens werden zwischenmenschliche Umgangsformen erschlossen. Es lassen sich folgende vier Gruppen unterteilen:

- Pflege der eigenen Person.
- Pflege der Umgebung.
- Analyse und Kontrolle der Bewegung (hierzu gehören auch das Gehen auf der Linie und die Schweigeübung).
- Pflege der sozialen Beziehungen.

Maria Montessori sah in der Koordination der Bewegungen eine wichtige Voraussetzung für das seelische Gleichgewicht und für die Fähigkeit zur Konzentration. Die zunehmende Beherrschung eigener Bewegungsabläufe sichert dem Kind schrittweise ein Stück Unabhängigkeit. Jedes Materialangebot oder jede Übung im Kinderhaus berücksichtigt deshalb die entscheidende Bedeutung der Bewegung.

Ein weiteres charakteristisches Merkmal der Arbeit im Montessori-Kinderhaus sind die Übungen der Stille. Maria Montessori beobachtete bei Kindern ein Bedürfnis nach Konzentration und Stille. In verschiedenen Übungen können die Kinder Stille erfahren. Wichtig ist jedoch, dass diese Übungen nicht dazu dienen können, um Unruhe zu überwinden.

Fallbeispiel
Montessori-Kinderhaus Bilk e.V. (Düsseldorf)

Entstehung: Gegründet wurde das Kinderhaus 1990 durch eine Elterninitiative. Elternverein und aktive Mitarbeit aller Eltern sind existenzieller Bestandteil der Kinderhausarbeit.

Konzept/Organisation: Die Tageseinrichtung besteht aus zwei altersgemischten Gruppen. Regelmäßig werden Elternabende, Treffen zwischen Verein und Erzieherinnen, Spielnachmittage und Informationsnachmittage realisiert.
Schwerpunkte der Arbeit sind individuelle Förderung jedes Kindes durch qualifiziertes Personal und einen angemessenen Personalschlüssel, Turn- und Tanzgruppen, Englischunterricht, musikalische Früherziehung, Werk- und Kreativangebote, tägliches Spielen im Außengelände des Kinderhauses, intensive Arbeit mit den Montessori-Materialien, Ausflüge, Besichtigungen und Exkursionen.

Der strukturierte Tagesablauf gestaltet sich wie folgt:

07:30–09:00 Uhr	Ankommenszeit
07:30–11:00 Uhr	Freiarbeit mit offenem Frühstück
11:00–12:00 Uhr	Spielen auf dem Außengelände
12:00–13:00 Uhr	Mittagessen mit anschließender Zahnpflege
13:00 Uhr	Abholzeit
13:00–14:30 Uhr	Schlafenszeit oder Traumstunde
gegen 14:30 Uhr	Zwischenmahlzeit
15:00 Uhr	Abholzeit
15:00–17:00 Uhr	Spielen drinnen und draußen
17:00 Uhr	Abholzeit

(Quelle: www.kinderhausbilk.de, 27.01.2011)

Montessori-Grundschule

Es gibt nicht „die“ Montessori-Schule, auch Maria Montessori selbst hat nie eine Ideal-Schule beschrieben. Allen Montessori-Schulen ist jedoch gemeinsam, dass sich die Lehrerinnen an den Prinzipien der Montessori-Pädagogik orientieren. An verschiedenen Regelschulen existieren nur sogenannte „Montessori-Zweige“. Diese Klassen müssen sich dem vorgegebenen Wechsel von Unterricht und Pause der Schule anpassen. Reine Montessori-Schulen sind in ihrer Gestaltung freier und können z. B. jeden Morgen 3 Stunden Freie Arbeit einplanen (zum Begriff Freie Arbeit vgl. auch Kap. 8). Insgesamt ist die Verteilung von Freier Arbeit und Fachunterricht jedoch auch in reinen Montessori-Schulen ebenso unterschiedlich wie die Ausstattung der Klassen.

Der Klassenraum bzw. die vorbereitete Umgebung muss den Lernbedürfnissen der Kinder Rechnung tragen, ihrem Bewegungsdrang Raum geben und als geordnetes Ganzes Geborgenheit vermitteln. Folgende Grundgedanken sind bei der Einrichtung einer Klasse hilfreich:

- Kindgerechte Regale an den Längsseiten des Klassenzimmers, um Arbeitsmaterialen aufzunehmen.
- Kleine, beweglichere Regale trennen die Ecken als Leseecke mit Bibliothek ab.
- Die Tische werden zu Gruppentischen zusammengestellt, um Zusammenarbeit und Kommunikation zu ermöglichen.
- Zwischen den Tischgruppen sollte genug Platz bleiben, um sich gegenseitig nicht zu behindern und sich frei in der Klasse bewegen zu können.
- Ein großer freier Raum wird benötigt, um die Arbeitsteppiche auslegen zu können und einen Stuhlkreis bilden zu können (in Anlehnung an Esser u. Wilde 1996, 79).

Fallbeispiel
Schule und Hort, internationales Montessori-Zentrum, München e.V.

Entstehung: Das internationale Montessori-Zentrum München wurde als eingetragener Verein 2004 gegründet. Die Einrichtung besteht sowohl aus Kinderhaus als auch aus einer 2008 gegründeten Montessori-Schule. Die Wurzeln der Elterninitiative reichen bis in das Jahr 1988 zurück.

Konzept/Organisation: Die Schule steht unter dem Motto von Maria Montessori: „Hilf mir es selbst zu tun". Sie realisiert die für eine Montessori-Schule typische Jahrgangsmischung und ist darüber hinaus auch integrative Schule. Der Unterricht beginnt für die Grundstufe um 8:20 Uhr, für die Mittel- und Oberstufe um 08:00 Uhr, endet um 15:30 Uhr und wird durch eine große Pause von 10:15 Uhr bis 10:45 Uhr und das Mittagessen von 12:30 Uhr bis 13:10 Uhr unterbrochen. Auf dem Stundenplan der Vormittage steht vor allem Freiarbeit, die von zwei Pädagoginnen begleitet wird. Nach dem Essen rücken vertiefende Arbeiten, schulnahe Projekte oder Freiarbeit ins Zentrum. Die gemeinsame Zeit in der Lerngruppe endet um 15:30 Uhr. Kinder können bis maximal 17:30 Uhr in weiterer pädagogischer Begleitung durch den Hort mit AGs oder Freizeitaktivitäten in der Einrichtung bleiben. Der Gesprächskreis setzt demokratische Strukturen, so trifft der Schülerrat mit dem Lehrerrat Entscheidungen über gemeinsame Projekte. Alleinstellungsmerkmal der Schule ist die Werkstatt der Generationen. Unter Beteiligung von Senioren findet sie einmal pro Woche in den jeweiligen Lerngruppen statt, um Projekte zu realisieren (z.B. Erzählwerkstatt).

(Quelle: www.montessori-muenchen.de, 27.01.2011)

Montessori-Arbeit in der Sekundarstufe

Maria Montessori hat ihre Konzeption für Kinderhaus und Grundschule auch in der Sekundarstufe fortgesetzt. Das Kind erreicht mit dem Übergang zum Jugendalter einen neuen Lebensabschnitt. Den Jugendlichen interessieren zunehmend moralische und soziale Fragen. Er will aus dem engen Umkreis seiner bisherigen Lebenswelt heraustreten. Der Jugendliche benötigt eine andere „vorbereitete Umgebung" als das Kind. Aber auch in dieser Altersstufe hat die eigene Erfahrung mit und in der Welt Vorrang vor sekundärer Vermittlung durch Bücher.

Ihrer Erziehungskonzeption für Jugendliche gab Maria Montessori den Namen „Erdkinderplan". Im Gegensatz zu ihren Erziehungskonzeptionen für Kinderhaus und Grundschule ist dieses Gedankengut jedoch reine Theorie geblieben. In ihrem „Erdkinderplan" entwirft sie ein beispielhaftes Projekt. Jugendliche sollen während der schwierigen Periode der Reifezeit in einer Lebensgemeinschaft fern von der Familie und der gewohnten Umgebung leben. Die Jugendlichen vollziehen so den notwendigen Loslösungsprozess vom Elternhaus und bilden eine eigene ländliche Produktionsgemeinschaft. Das Leben auf dem Land verläuft jedoch nicht in völliger Autonomie, sondern unter der Aufsicht eines Ehepaares, welches moralischen und schützenden Einfluss ausübt. Maria Montessori geht es auch in dieser Entwicklungsphase um ein möglichst hohes Maß an Unabhängigkeit und um die Ausprägung einer autonomen Persönlichkeit.

Im Gegensatz zur Vielzahl der Montessori-Einrichtungen in den Bereichen der Elementarerziehung und der Grundschule gibt es nur vergleichbar wenige im Sekundarbereich. Beispielhaft sei das Montessori-Gymnasium in Köln genannt. Zentrales pädagogisches Anliegen ist auch hier die Erziehung zur Selbstständigkeit und das eigenständige Arbeiten. Als methodisches Prinzip stehen „Wahlarbeit“ (gleichzusetzen mit Freier Arbeit) und „Projektarbeit“ im Zentrum der Unterrichtsorganisation. Die Wahlarbeit findet täglich in der 5. und 6. Stunde statt. Während dieser Zeit können die SchülerInnen wählen, mit welchem Thema sie sich beschäftigen wollen, müssen aber ein vorgeschriebenes Pensum innerhalb einer bestimmten Zeit bearbeiten. Im Gegensatz zum übrigen Fachunterricht werden die Ergebnisse der Wahlarbeit nicht benotet. Ab der 7. Klasse tritt an die Stelle der Wahlarbeit die Projektarbeit. Es wird fächerübergreifend über einen längeren Zeitraum an einem Themenkomplex gearbeitet (Holtstiege 1997).

Ein weiteres Beispiel für die Umsetzung von Projektarbeit zeigt auch die bischöfliche Maria-Montessori-Gesamtschule in Krefeld (Meisterjahn-Knebel 1998). Für die Jahrgänge 9 und 10 ist pro Woche ein 6-stündiger Projekttag vorgesehen. Die Themen der Projektarbeit werden in die Systematik des Fachunterrichtes integriert. Der eigentlichen Projektarbeit ist ein langer gemeinsamer Entscheidungs- und Diskussionsprozess vorgeschaltet. Aufgaben und Probleme der Projektarbeit ergeben sich aus der Lebenswirklichkeit der SchülerInnen. Der Projekttag ist Teil und Ziel der Ausbildung zur selbstständigen Tätigkeit.

Ebenfalls von Meisterjahn-Knebel (2003) wird ein aktuelles pädagogisches Konzept für die Sekundarstufe auf der Basis des Erdkinderplanes vorgelegt. Ausgehend von Montessoris anthropologischen Überlegungen werden Chancen und Grenzen für die aktuellen Anforderungen an das heutige Schul- und Bildungssystem erläutert. Am Beispiel des Gymnasiums Schloss Hagerhof in Bad Honnef, Nordrhein-Westfalen, wird dargestellt, wie der Erdkinderplan im sozialen Leben umgesetzt werden kann. Die häufig vertretende Auffassung der Sekundärliteratur, der Erdkinderplan sei Utopie, stimmt Meisterjahn-Knebel nur bedingt zu. Als zentraler Gedankengang des Plans wird die Jugendgesellschaft auf dem Land als Erfahrungsschule des sozialen Lebens benannt. Als Beleg für die Umsetzbarkeit der Gedanken werden Landerziehungsheime von Kurt Hahn, Hermann Lietz und Paul Geheeb angeführt, die in Deutschland, England und der Schweiz bereits existieren (Meisterjahn-Knebel 2003, 175).

Die Betrachtung eines Beispiels aus den neuen Bundesländern rundet dieses Kapitel ab.

Fallbeispiel Montessori-Oberschule Potsdam

Entstehung: Die frühere Karl-Liebknecht-Oberschule begann 1993 mit der Integration von Kindern mit Behinderungen und orientierte sich bei der pädagogischen Arbeit an Maria Montessori. Als Schulversuch des Landes Brandenburg erhielt die Schule einen größeren Gestaltungsspielraum.

Konzept/Organisation: Die schulische Arbeit wird durch verschiedene Grundsätze geprägt:

- Freiheit geben – Grenzen setzen
- Individualität anerkennen und in die Gemeinschaft integrieren
- Selbstständig lernen
- Unterschiede als Chance nutzen
- Herausfordern und Unterstützen
- In Zusammenhängen lernen
- Körpererfahrungen machen
- Werke schaffen – Spuren hinterlassen
- Mitwirken und Verantwortung übernehmen
- Rituale gestalten – Feste feiern

Der rhythmisierte Tagesablauf für die Primarstufe gestaltet sich wie folgt:

07:30–08:00 Uhr	individuelle Betreuung von Kindern
08:00–08:30 Uhr	offener Anfang
08:30–10:00 Uhr	Freiarbeit, Darbietungen, gelenkter Unterricht, vernetzter Unterricht, Projektarbeit
10:00–10:30 Uhr	Frühstückspause
10:30–12:00 Uhr	Freiarbeit, Darbietungen, gelenkter Unterricht, vernetzter Unterricht, Projektarbeit
12:00–12:50 Uhr	Mittagspause mit Angeboten Tutorensystem
12:50–14:20 Uhr	vertiefendes Üben, betreute Schulaufgaben
14:20–15:00 Uhr	individuelle Angebote
ab 15:00 Uhr	Hortbetreuung, Arbeitsgemeinschaften

Der rhythmisierte Tagesablauf in der Sekundarstufe gestaltet sich wie folgt:

ab 08:00 Uhr	individuelles Ankommen
08:30–09:00 Uhr	Morgenkreis im Klassenverband
09:00–10:30 Uhr	Freiarbeit und Präsentation
10:30–11:00 Uhr	Pause
11:00–12:30 Uhr	Freiarbeit und Präsentation
12:30–13:20 Uhr	Mittagspause (Tutorium)

13:20–14:30 Uhr	Sport, Wahlfächer (zum Beispiel Französisch, Psychologie, Theater etc.)
14:30–15:30 Uhr	Trainingsband, Mathematik, Deutsch, Englisch, AG-Angebot, Schulaufgaben anstelle von Hausaufgaben

(Quelle: www.potsdam-montessori.de, 27.01.2011)

Primärliteratur (einführende Auswahl)
Montessori (1996b): Schule des Kindes.
Montessori (1979): Von der Kindheit zur Jugend.

Sekundärliteratur (Empfehlung)
Harth-Peter (1997): Kinder sind anders. Maria Montessoris Bild vom Kinde auf dem Prüfstand.
Stein (1998b): Theorie und Praxis der Montessori-Grundschule.
Meisterjahn-Knebel (1995): Montessori-Pädagogik und Bildungsreform im Schulwesen der Sekundarstufe.
Meisterjahn-Knebel (2003): Montessori-Pädagogik in der weiterführenden Schule. Der „Erdkinderplan" in der Praxis.

Kritische Betrachtung im Spiegel der aktuellen Schulpraxis

Die Fallbeispiele aus Montessori-Kinderhaus und Montessori-Schule veranschaulichen zwar die Praxis, sind aber in der Darstellung idealtypisch. Auch an dieser Stelle ist es notwendig, eine kritische Betrachtung einzuschieben. Schieder (1997) liefert eine dezidierte Analyse verschiedener Problemfelder. An die Montessori-Pädagogik wurden von jeher sehr hohe Erwartungen geknüpft. Insbesondere wohl deshalb, weil die Montessori-Pädagogik in den sonderpädagogischen Arbeiten von Itard und Seguin ihren Ursprung hat. Maria Montessori hat selber auf die Grenzen ihrer Pädagogik hingewiesen. So warnte sie vor zu hohen Erwartungen, auch Kinder mit „stärkeren Beeinträchtigungen" könnten problemlos in das System der Freien Arbeit integriert werden (Montessori 1998a). Gerade von Kindern mit geistigen Behinderungen ist bekannt, dass der Aufforderungscharakter des Materials oft nicht ausreicht, um die Aufmerksamkeit zu aktivieren und zu binden. Im nächsten Kapitel werden wir sehen, welche Erfahrungen zur Freien Arbeit in der Schule für Geistigbehinderte vorliegen. Die Montessori-Pädagogik ist gewiss kein Allheilmittel für die vielfältigen „Schulprobleme" unserer Zeit. Sie bietet PädagogInnen eine theoretisch fundierte Erziehungskonzeption, deren Erziehungsziel die „selbständige, individuelle Persönlichkeit" des Kindes darstellt.

Schieder (1997, 308ff) zieht folgende kritische Bilanz aus der Sicht der heutigen Schule:

1. Intuition, Materialkenntnis und Liebe zum Kind reichen als Qualifikation für Montessori-Lehrkräfte nicht aus. Eine besondere fachliche Herausforderung stellt die sorgfältige Bestimmung des Lernniveaus der Kinder dar.
2. Das psychologische Fundament der Montessori-Pädagogik ist zu erweitern. Es gibt nicht nur den idealtypischen Entwicklungsverlauf. Gerade Kinder mit Entwicklungsverzögerungen zeigen sehr individuelle Entwicklungsverläufe.
3. Die Montessori-Pädagogik kann ein Schlüssel zum Verständnis der Welt sein. Sie kann die Welt aber nicht ersetzen. Jedes Kind braucht seine eigene Welt und seinen eigenen Schlüssel. Einen Generalschlüssel kann es in keiner Pädagogik geben.

Die hier vorgetragene Kritik ist zutreffend und trägt konstruktiv zur Weiterentwicklung der Montessori-Pädagogik bei. Kritik dagegen, wie sie etwa in den 80er Jahren innerhalb der Körperbehindertenpädagogik von Schönberger (1983, 71) vorgetragen wurde, die den Entwicklungsbegriff von Maria Montessori „als naturhaft-zwangsläufigen Reifungsprozess" charakterisiert oder gar davon ausgeht, dass die Kinder im Umgang mit den Materialien alleingelassen werden und dem „Zwang zur einzig richtigen Bearbeitung" unterliegen, vermag die Montessori-Pädagogik in ihrer Gesamtkonzeption mit Sicherheit nicht zutreffend zu charakterisieren. Darüber hinaus weist Schönberger (1983, 71) aber auch auf die bedenkliche Entwicklung der rein funktionsorientierten Anwendung der Montessori-Materialien insbesondere im Rahmen von Therapien hin. Hierin ist ein sehr zutreffender Kritikpunkt zu sehen. Letztendlich resultiert die rein funktionsorientierte Anwendung der Materialien aber aus einer unzulässigen Verkürzung der Montessori-Pädagogik zu einer reinen Praxis-Methode.

Die Montessori-Pädagogik ist in ihrem pädagogischem Grundverständnis ein aktueller Impuls für Theorie und Praxis. Im Zentrum steht das Kind mit seinem eigenen Lernweg, den es zu beobachten, zu begleiten und zu unterstützen gilt. Dieses bedeutsame und immens aktuelle pädagogische Grundverständnis bedarf aber der Einbindung in eine zeitgemäße erzieherische Gesamtkonzeption. Hier gilt es gleichermaßen, die kognitive, die soziale und die emotionale kindliche Entwicklung zu unterstützen. Die Freie Arbeit bedarf des ausgewogenen Wechselspiels mit anderen Unterrichtsformen. Der Offene Unterricht, der im nächsten Kapitel erläutert wird, bietet einen interessanten Bezugsrahmen an. Die Materialien sind weiterzuentwickeln und zu ergänzen. Letztendlich sind sie nur Medium, um dem Kind die Strukturierung der Welt zu erleichtern. Sie erfüllen keinerlei Selbstzweck. Wichtig ist die Einbindung in eine mediale Welt des 21. Jahrhunderts, in der auch neue Informationstechnologien in angemessener Form zur Anwendung kommen.

8 Montessori-Pädagogik – Ein Impuls für das heutige Schulsystem

Die Montessori-Pädagogik lebt heute weitaus vielfältiger als ausschließlich in dem bereits beschriebenen alternativen Schulsystem. Nicht nur ihre Erziehungskonzeption, sondern auch ihre Form der Unterrichtsorganisation gab Impulse für das heutige Schulsystem.

Offene Schule – Offener Unterricht

Die 1960er und 1970er Jahre waren in der Bundesrepublik Deutschland geprägt von einer erneuten Diskussion um das Schulsystem und den Unterrichtsalltag. Die Neugründung zahlreicher Freier Schulen war zu beobachten, die sich auf reformpädagogische Vorbilder beriefen. Im Zentrum stand die Forderung nach Humanisierung der Schule. Erziehungsziele waren: Selbstständigkeit, soziale Kompetenzfähigkeit, Kreativität, Freiheits- und Demokratiedenken. Der Offene Unterricht wurde als Chance begriffen, die Reformgedanken in der Unterrichtspraxis zu leben.

Der Offene Unterricht ist als Konzept einer Unterrichtskultur zu verstehen, das auf den Vorbildern der Reformpädagogen Maria Montessori, Peter Petersen und Celestin Freinet aufbaut. Als historische Quelle ist aber auch die praxisorientierte Bewegung von LehrerInnen der 1960er und 1970er Jahre in den USA und in England zu nennen, die unter dem Begriff „Open Education" geführt wurde. Das Konzept des Offenen Unterrichts will den sogenannten lernzielorientierten und lehrerzentrierten Unterricht als innere Schulreform öffnen. Die Öffnung bezieht sich nicht nur auf die Methode des Unterrichts, auf die Themen und Inhalte, sondern auch auf die Öffnung der Schule gegenüber der außerschulischen Lebenswelt. Die SchülerInnen sollen durch selbstständiges, handlungsbezogenes und mitverantwortetes Lernen Fähigkeiten für das Leben in einer demokratiegeleiteten offenen Gesellschaft erwerben.

Da es sich bei dem Begriff des „Offenen Unterrichts" nicht um ein eng begrenztes Konzept handelt, fällt eine eindeutige Definition

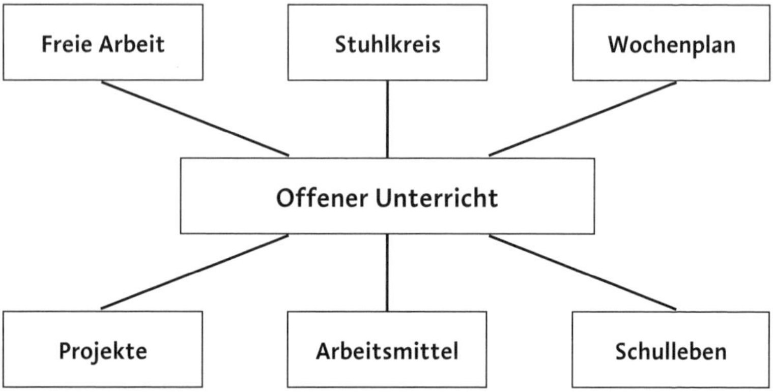

Abb. 47: Konzeptionelle Bestandteile des Offenen Unterrichts (nach Wallrabenstein 1991, 92–93)

schwer. Dennoch lassen sich, so Wallrabenstein (1991), verschiedene konzeptionelle Bestandteile des offenen Unterrichts nennen, die kurz erläutert werden sollen.

Stuhlkreis: Der Stuhlkreis dient dem Austausch von schulischen und außerschulischen Erfahrungen. Hier können sich die SchülerInnen einer Gruppe unter Berücksichtigung der Bedürfnisse der Gruppe sprachlich entfalten. Auch Arbeitsergebnisse, Lerngegenstände und Fragen können dabei Anlässe der Verständigung sein und Impulse für neue Lernprozesse geben. Ein Tages- oder Wochenplan kann gemeinsam besprochen und entwickelt werden.

Freie Arbeit: Den SchülerInnen wird die Chance gegeben, aus einem Angebot von Lernmöglichkeiten in einer Lernlandschaft freie Aktivitäten für sich auszuwählen und so ihren Bedürfnissen zu folgen und eigene Lernwege zu gehen. Je nach Öffnungskonzept der Schule variiert der Umfang der freien Arbeitsphasen. Ist diese Arbeitsform noch nicht eingeübt, sind 1–2 Stunden pro Woche die Norm. In Lerngruppen, die schon viel Erfahrung im Umgang mit dieser Unterrichtsform erworben haben, können 1–2 Stunden pro Tag angeboten werden. Freie Arbeit steht dann im Wechsel von Morgenkreis, Fachunterricht, lehrgangsgebundenen und projektbezogenen Phasen.

Wochenplan: Der Wochenplan enthält Pflichtaufgaben, frei wählbare Lernaktivitäten und soll den SchülerInnen den Lernprozess sichtbar machen. Hierbei sollen die Kinder lernen, aktiv an der Erstellung ihrer Pläne mitzuwirken. Der Wochenplan ist ein methodisches Hilfsmittel zur Organisation, Planung und Überprüfung der Arbeit im Offenen Unterricht.

Projekte: Sie bilden als gemeinschaftsbezogenes Lernen einen Ausgleich zum individualisierten Lernen in Phasen der Freien Arbeit.

Arbeitsmittel: Arbeitsmittel ermöglichen die selbständige Auseinandersetzung mit Lerngegenständen und bilden den Kern der Freien Arbeit.

Schulleben: Offene Schulen leben vom Selbstverständnis eines eigenen pädagogischen Profils. Die Öffnung nach innen und nach außen führt oft zu einem eigenen Schulprogramm.

Klassenraum: Der Klassenraum wird in eine Lernlandschaft verwandelt. Die Aufteilung in Arbeitsplätze, Funktionszonen und Kreise ermöglicht den schnellen Wechsel der individuellen und gemeinschaftlichen Arbeitsformen (Morgenkreis, Freie Arbeit, Projektunterricht). Die Aufteilung in Lernzonen und das reichhaltige Lern- und Materialangebot ermöglichen verschiedene Lernaktivitäten.

In den 1990er Jahren umreißt Wallrabenstein (1991, 69) den heute noch weitgehend akzeptierten Facettenreichtum des Offenen Unterrichts. Öffnung bedeutet demnach:

- Lernen und Leben als ganzheitliche Erfahrungssituation in der Wechselbeziehung von Schule und Umwelt;
- Schulische Lernprozesse werden für Alltagserleben der Gemeinde und des Stadtteils geöffnet;
- Handlungsspielräume für eigenständige Entscheidungen über Arbeitsformen und Arbeitsmöglichkeiten werden geschaffen;
- Lernen wird durch flexible, vielfältige Organisationsformen gestaltet.

Ganz bewusst spricht Wallrabenstein nicht von „Offenheit“, sondern von „Öffnung“, um das Prozesshafte, das Experimentelle des Offenen Unterrichts zu betonen. Im Offenen Unterricht sollen Kinder so gefördert werden, dass sie ihre individuellen Fähigkeiten und

Interessen erkennen. Durch unterschiedliche Formen der Differenzierung wird es den Kindern ermöglicht, sich ihren individuellen Lernmöglichkeiten und Lernbedürfnissen entsprechend zu entwickeln. Selbstständiges und eigenverantwortliches Arbeiten stehen im Zentrum. Voraussetzung hierfür ist es, dass Kinder die Möglichkeit erhalten, sich mit dem zu beschäftigen, was für sie besonders wichtig ist. Innerhalb eines vereinbarten Rahmens bestimmen sie deshalb ihre Lernzeiten selbst. Das gleiche Wahlrecht gilt auch für den Lernort und den Lernpartner. Ein so gestaltetes Lernarrangement ist darauf ausgerichtet, dass Kinder schrittweise unabhängiger werden von der Lernerfolgsrückmeldung durch die Lehrkräfte und Sicherheit in der kritischen Selbsteinschätzung gewinnen. Maria Montessori wird oft als Vorkämpferin für den Offenen Unterricht angesehen. In ihrer Konzeption betont sie die freie, selbstständige Arbeit der Kinder. Ihr Leitspruch: „Hilf mir, es selbst zu tun“ steht in enger Verbindung zum Anliegen des Offenen Unterrichts.

Die Einführung des Offenen Unterrichts setzt bei Lehrern im Vorlauf häufig ein längeres Umdenken voraus. So berichtet Knauf (2009, 104–105) beispielhaft von Frau König, die seit vielen Jahren als Grundschullehrerin tätig ist. Sie empfindet die heutigen Kinder anders, fragt sich aber in wie weit das eher eine subjektive Sichtweise ist, die auch etwas mit ihrem eigenen Älter-Werden zu tun hat. Eine Reihe veränderter sozialer Faktoren bestätigen sie jedoch in der Annahme, dass sich die Rahmenbedingungen des kindlichen Aufwachsens verändert haben. So befinden sich in ihrer Klasse zunehmend mehr Kinder, die einen multikulturellen familiären Hintergrund haben, die als Einzelkind aufwachsen und nicht in einer traditionellen Kleinfamilie leben. Für Frau König liegt die Vermutung nahe, dass diese gemeinsam mit anderen Faktoren im kindlichen Verhalten ihren Niederschlag finden. Die Zahl ehrgeiziger Kinder ist in ihrer Betrachtung höher geworden, ebenso wie typische Einzelkindphänomene. Frau König fiel es immer schwerer, ihr gewohntes Unterrichtsschema mit einem Wechsel von Lehrererklärungen, fragend-entwickelndem Unterrichtsgespräch und Stillarbeit ohne ständige Ermahnungen zu realisieren. Nach dem Besuch einer Fortbildungsveranstaltung entschied sie sich zur Einführung eines Wochenplans. Weder sie selbst noch die Kinder konnten sich zunächst an den veränderten Unterrichtsrhythmus gewöhnen. Erst nach geraumer Zeit gelang es ihr eine werkstattähnliche Arbeitsatmosphäre zu gestalten. Auch die Kinder mussten erst verstehen lernen den geänderten Freiraum nicht für Unterrichtsstörungen, sondern für Unterrichtsaktivitäten zu nutzen. Die Kolleginnen nahmen die Veränderungen in der Klasse von Frau König sowohl mit Skepsis als auch mit Interesse auf. Da niemand den Schritt in ihre Klasse wagte, stellte Frau König ihre Unterrichtserfahrungen dann in einer Konferenz zur Diskussion.

Freie Arbeit in der Förderschule?

Bereits in den 1970er Jahren ist Freie Arbeit im Zusammenhang mit Bestrebungen zur Öffnung von Schule und Unterricht in den Mittelpunkt der schulpädagogischen Diskussion gerückt. 1970 hat die Kultusministerkonferenz Freie Arbeit als schülerorientierte Unterrichtsform zur Differenzierung ausgewiesen und in den Richtlinien der Grundschule verankert. Freie Arbeit geht auf Anregungen der Reformpädagogen Montessori, Freinet und Petersen zurück und hat jeweils einen eigenen Bedeutungsrahmen. Maria Montessori prägte den Begriff „Freie Wahl". Das Kind erhielt die Möglichkeit, aus einem Angebot von Materialien frei zu wählen. Die „Freie Wahl" bezog sich darüber hinaus auf den Zeitraum der Tätigkeit und die Sozialform.

Peter Petersen war einer der ersten, der Freie Arbeit in sein Unterrichtskonzept aufnahm. Am Ende jeder Woche erhielten die Kinder die Möglichkeit, Arbeiten aus der vorausgegangenen Woche nachzuholen, Lernstoff zu üben oder sich mit Themen ihrer Wahl zu beschäftigen.

Bei Freinet bezieht sich die Freie Arbeit auf den Prozess der eigenständigen Gestaltung von selbstgestellten Aufgaben mit erworbenen Techniken. In seinen Schulen gab es Arbeitsecken, in denen Kinder an Aufgaben ihrer Wahl arbeiteten. Selbsthergestellte Arbeitsmittel ermöglichten selbstgesteuertes Lernen.

Als die Idee der Freien Arbeit nach 1945 wieder aufgegriffen wurde, prägten sich im deutschen Sprachraum aus pragmatischen Gründen die Begriffe „Freie Arbeit" oder „Freiarbeit" ein, die als Kürzel in den Stundentafeln leichter zu handhaben waren. Nach wie vor herrschen in der aktuellen Literatur beide Begriffe in synonymer Verwendung vor. In den speziellen Publikationen zur Montessori-Pädagogik lässt sich im Detail folgender Trend festhalten: Die theoretische Literatur stellt die Begriffe Freie Wahl, Freie Arbeit und Freiarbeit gleichbedeutend nebeneinander (vgl. Holtstiege 1997). Die praxisbezogene Literatur spricht dagegen zur Charakterisierung der Montessori-Schule eher von Freiarbeit (vgl. Esser/ Wilde 1996), um sich gegenüber anderen Formen abzugrenzen. Auf der Basis der vorgenommenen Definition soll in diesem Buch bewusst der Begriff Freie Arbeit Verwendung finden, um Öffnung und nicht Abgrenzung zu signalisieren.

Als Voraussetzung für Freie Arbeit werden häufig gute kognitive Fähigkeiten angesehen. Ist Freie Arbeit in der Schule für Geistigbehinderte unmöglich? Verschiedene Praxisbeispiele von FörderschullehrerInnen geben Aufschluss über Möglichkeiten und Probleme der Anwendbarkeit in der Förderschule. Insbesondere in der Arbeit mit Kindern mit Behinderungen scheint die Grundtendenz der Freien Arbeit nach Maria Montessori zu überwiegen und die von ihr erstellten Materialien zum Einsatz zu kommen. Die deutliche Strukturierung entspricht den besonderen Lernbedürfnissen vieler Kinder mit geistigen Behinderungen.

Gierse (1993) berichtet von der Freien Arbeit in einer Schule mit dem Förderschwerpunkt geistige Entwicklung. Freie Arbeit wird mit Hilfe von Arbeitsplänen unterstützt, die im Laufe der Zeit differenziert ausgedehnt wurden. Die Pläne sind individuell angelegt.

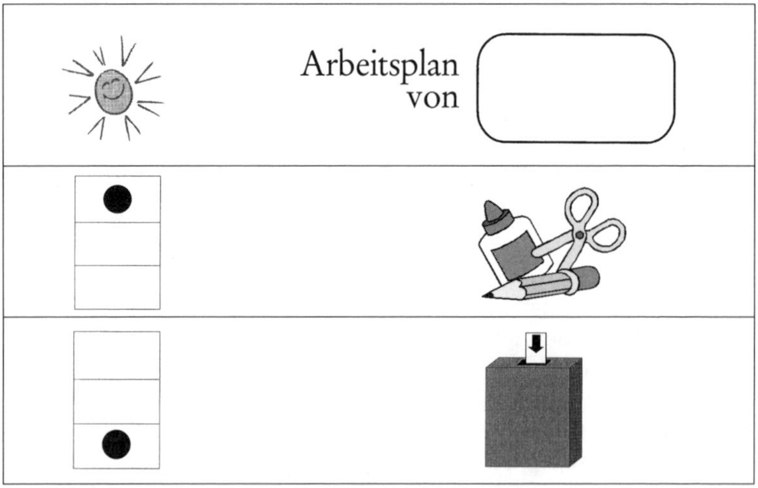

Abb. 48: Beispiel für einen Arbeitsplan, modifiziert nach Gierse (1993, 57), mit Bildsymbolen; die Regalposition (links) der Arbeitsmaterialien wird durch einen Punkt gekennzeichnet.

Nicht immer ist der Einsatz eines Planes möglich. So erhielt z.B. ein Schüler drei verschiedene Aufgabentypen zur Auswahl und eine Schülerin eine Kiste mit Materialien zum handelnden Umgang. Gierse betont, dass eine langsame Hinführung notwendig war, da die SchülerInnen keine Erfahrungen mit selbstständigem Arbeiten hatten. Zunächst standen konkrete Ziele, wie das Ablegen der fertigen Arbeitsblätter und das Auswählen von Material im Vordergrund. In kleinen Schritten wurde die Benutzung des Arbeitsplans ausgedehnt. Die erste Stufe bestand darin, dass zwischen zwei Arbeitsblättern ausgewählt werden konnte. In ihrem Bericht gibt Gierse (1993, 54) aber auch spezifische Probleme der einzelnen Kinder wieder:

Sie berichtet von Markus, dem die freie Arbeit erst dann Spaß machte, als Arbeitspläne mit Symbolen eingeführt wurden. So erkannte er den Arbeitsauftrag, hatte keine Schwierigkeiten Symbole zu entschlüsseln und konnte auch seine Arbeitsmaterialien finden. Nachdem er die Aufgaben des Arbeitsplans erledigt hatte, stellte sich jedoch Ratlosigkeit ein, denn er konnte sich für kein neues Angebot entscheiden. Erst nachdem ihm alle Angebote erklärt worden waren, begann er schließlich zu arbeiten. Für einen langen Zeitraum las er oder malte. Hierbei blätterte Markus stereotyp Bilderbücher durch, oder malte dutzende von Bildern mit Kreisen oder Gesichtern in sehr kurzer Zeit. Anschließend setzte er sich wieder auf seinen Platz, sah den anderen Kindern zu oder schaukelte mit dem Oberkörper hin und her. Erst nach einigen Monaten war er in der Lage, Angebote gezielter zu wählen und Aktivitäten über einen längeren Zeitraum zu realisieren. Hilfreich war eine Unterrichtsreihe zum Umgang mit Bilderbüchern, die ihm Ausdauer verlieh und ihn für das gezielte Betrachten von Büchern motivierte.

Als Fazit formuliert Gierse, dass Freie Arbeit in der Schule mit dem Förderschwerpunkt geistige Entwicklung nicht als fest definierte Arbeitsform, sondern als Prozess zu begreifen sei. Die meisten erforderlichen Arbeitstechniken ließen sich während der Freien Arbeit und durch die Freie Arbeit aufbauen und erwerben. Wichtig erscheint für Gierse, eine kleinschrittige Einführung, um gerade am Anfang nicht durch zuviel Freiheit eine Situation der Überforderung zu schaffen.

So wie in der Grundschule hat Freie Arbeit neben anderen Unterrichtsformen wie Projektunterricht, Frontalunterricht und Gesprächskreis ihre Berechtigung. Diese Unterrichtsform scheint insbesondere geeignet, um personengebundenes Lernen abzubauen,

Selbstständigkeit zu fördern und handelndes Lernen zu ermöglichen. In der Unterrichtspraxis sind die Formen der Freien Arbeit so vielfältig, wie es die individuellen Lernbedürfnisse eines Kindes ohne oder mit Behinderung erforderlich machen.

Gemeinsamer Unterricht von Kindern mit und ohne Behinderungen

Die Montessori-Pädagogik gab der schulischen Integration einen deutlichen Impuls. An dieser Stelle ist der Pädiater Theodor Hellbrügge zu nennen, der 1968 in München eine erste integrative Kindergartengruppe einrichtete. Pädagogische Grundlage war die Montessori-Pädagogik. Es folgte 1970 die Gründung einer integrativen Schule. In traditionellen Montessori-Einrichtungen werden Kinder mit und ohne Behinderungen häufig integrativ erzogen und unterrichtet. Auch im Rahmen der Diskussion zur integrativen Didaktik wird auf reformpädagogisches Gedankengut zurückgegriffen.

Die pädagogisch-didaktische Herausforderung des Gemeinsamen Unterrichts entsteht durch die Heterogenität der Lerngruppe. Das unterschiedliche Lernniveau von Kindern mit und ohne Behinderung in einem Klassenverband verlangt ein hohes Maß an Individualisierung. Eine bedeutsame didaktische Aufgabe besteht in der Verknüpfung von Individualität und Solidarität.

Es geht nicht um die Erarbeitung einer neuen Didaktik, sondern um die Überwindung des „LehrerInnen-zentrierten Unterrichtes". Die Unterrichtskonzepte Handlungsorientierter Unterricht, Projektorientierter Unterricht und Freie Arbeit werden von daher im Gemeinsamen Unterricht favorisiert. Im Unterschied zur Freien Arbeit finden im Projektunterricht gemeinsame Planungsprozesse von LehrerIn und SchülerIn statt.

Der Projektunterricht wird auf den amerikanischen Reformpädagogen John Dewey (1859–1952) zurückgeführt. Bastian u. Gudjons (1990, 27ff) kennzeichnen den Projektunterricht durch folgende vier Projektschritte: Eine geeignete Sachlage auswählen, gemeinsam einen Plan zur Problemlösung entwickeln, sich mit dem Problem handlungsorientiert auseinandersetzen, die Problemlösung an der Wirklichkeit überprüfen. Den Projektschritten werden 10 Merkmale des Projektunterrichtes zugeordnet: Situationsbezug, Orientierung an den Interessen der Beteiligten, gemeinsame

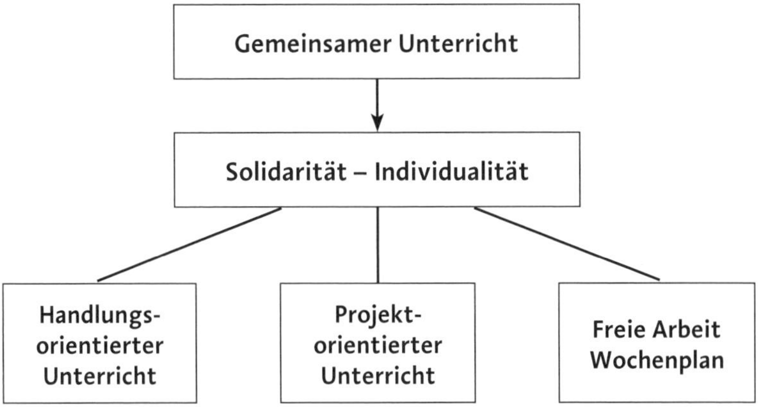

Abb. 49: Zur Didaktik des Gemeinsamen Unterrichts

Praxisrelevanz, zielgerichtete Projektplanung, Selbstorganisation und Selbstverantwortung, Einbeziehen aller Sinne, soziales Lernen, Produktorientierung, Interdisziplinarität.

Handlungsorientierter Unterricht ist ein methodisches Element von Projektunterricht. Hierbei sind zwei Entwicklungslinien zu unterscheiden: Handelnder Unterricht beruft sich auf sowjetische Psychologen der 1960er und 1970er Jahre (Leontjew, Wygotski, Galperin). Nach Leontjew (1964) vollziehen sich gelungene Lernprozesse in 3 aufeinanderfolgenden Lernschritten:

1. Wahrnehmung mit allen Sinnen (Erfahrungen),
2. Sprachliche Begleitung (Aneignung),
3. Gedankliches Arbeiten (Abstrahierung).

Handlungsorientierter Unterricht im engeren Sinn bezieht sich wiederum auf die Reformpädagogik. Handlungsorientierter Unterricht ist ganzheitlich (Gudjons 1989). LehrerIn und SchülerIn bestimmen den Unterrichtsprozess gemeinsam. Sie gelangen zu vereinbarten Handlungsprodukten. Kopf- und Handarbeit werden hierbei in ein ausgewogenes Verhältnis zueinandergebracht. Merkmale handlungsorientierten Unterrichts sind:

- Berücksichtigung subjektiver Interessen der SchülerInnen,
- Beteiligung der SchülerInnen an der Planung, Durchführung und Auswertung des Unterrichtsverlaufs von Anfang an.

Alle drei erläuterten Konzeptionen stehen keinesfalls in Konkurrenz zueinander. Vielmehr scheint ihre Synthese geeignet, um im Gemeinsamen Unterricht dem Problem der Heterogenität zu begegnen.

9 Montessori-Pädagogik – Empirische Forschung, pädagogische Aktualität und Internationalität

Nach Darstellung und kritischer Reflexion der theoretischen Grundlagen, der Erziehungskonzeption und der schulischen Praxis soll in diesem letzten Kapitel eine theoretische Perspektivenerweiterung erfolgen. In einem wissenschaftlichen Verständnis ist nach aktuellen Forschungsergebnissen, nach pädagogischer Aktualität und nach Internationalität der Montessori-Pädagogik zu fragen.

Empirische Untersuchungsergebnisse

Maria Montessori selbst hat Pädagogik immer als „empirische Experimentalwissenschaft“ verstanden. Empirische Untersuchungen zur Montessori-Pädagogik beziehen sich auf den Kindergarten, die Primarstufe, die Sekundarstufe, die Förderschule und auf die integrative Erziehung und Unterrichtung von Kindern mit und ohne Behinderungen. Die Fragestellungen zahlreicher Untersuchungen beziehen sich auf soziale Dimensionen und auf das Arbeitsverhalten. Das nachfolgende Kapitel stellt zentrale Forschungsarbeiten des deutschsprachigen Raumes vor. Eine Zusammenfassung gibt Fischer (1999a).

Eisenbrand (1986) fragt in ihrer Dissertation nach der sozialen Dimension in Montessori-Kinderhäusern. Die Studie bezieht sich auf eine altersgemischte Kinderhausgruppe von 25 Kindern, die täglich über den Zeitraum eines Monats hinsichtlich der Häufigkeit, des zeitlichen Verlaufs und der Sozialformen von Kinderkontakten beobachtet wurde. Die Ergebnisse verdeutlichen, dass relativ viele Kontakte zwischen den einzelnen Altersstufen stattfanden. Die drei Sozialformen (Einzel-, Partner- und Gruppenaktivität) wurden von den Kindern in annähernd gleichem Ausmaß gewählt. Der Hauptanteil der Erzieherin-Kind-Kontakte war primär reaktiver Art. Die Erzieherin verhielt sich zurückhaltend; wenn Kinder Hilfestellung brauchten, war sie bereit, in kindangemessener Weise Hilfestellung zu geben.

Für den Bereich der Grundschule liegen verschiedene empirische

Untersuchungen vor. Fischer (1982) vergleicht im Rahmen eines Schulversuchs in Niedersachsen über einen Zeitraum von 4 Jahren den Leistungsstand zweier Montessori-Klassen mit den entsprechenden Kontrollklassen und analysiert in einer Langzeitbeobachtung Arbeits- und Sozialverhalten der Kinder während der Freien Arbeit. Fischer fragt zunächst nach den Leistungsunterschieden der Montessori-Klassen im Vergleich zu „normal" geführten Klassen. Fischer hält fest, dass sich insgesamt keine signifikanten Unterschiede ergeben. In der Detailanalyse zeigt sich jedoch, dass die Leistungen der Montessori-Klassen – längsschnittlich betrachtet – relativ konstant sind, während die Kontrollklassen offensichtlich ein inhomogeneres Profil zeigen. Fischer interpretiert dieses Ergebnis dahingehend, dass der traditionelle Unterricht eher leistungsstärkere Kinder begünstige, während in der Freien Arbeit leistungsschwächere Kinder ihre Lernrückstände besser aufholen könnten.

Fähmel (1981) gewinnt ihre Daten aus standardisierten Einzelinterviews mit 83 SchülerInnen verschiedener Montessori-Grundschulen in Nordrhein-Westfalen. Insbesondere untersucht sie die Arbeitshaltung der Kinder, die Sozialkontakte untereinander und die Aktivitäten der Lehrerin. Sie ermittelte in den Freiarbeitsphasen 43 verschiedene Aktivitäten der Lehrerin, die zu neun Tätigkeitskategorien zusammengefasst wurden. Die Aktivitäten der Lehrerin waren primär helfend und unterstützend und auf einzelne Kinder, nicht auf die gesamte Klasse ausgerichtet. Lenkende Maßnahmen in Form von Aufforderungen oder Anweisungen machten nur einen sehr geringen Anteil der Aktivitäten der Lehrerin aus. Dieses Ergebnis wird in der Studie von Fischer (1982) bestätigt. Hier wurden die Eingriffe der Lehrerin zu mehr als 80 % als nicht dirigistisch klassifiziert.

Eine Untersuchung aus dem Bereich der Sekundarstufe stammt von Meisterjahn-Knebel (1995). Durchgeführt wurde sie an einer Montessori-Gesamtschule in Nordrhein-Westfalen und verfolgte die Absicht, das Phänomen der Aufmerksamkeit zu klären. Es wurden Beobachtungsbögen entwickelt, durch die anhand von Verhaltens- und Ausdrucksmomenten (Motorik, Mimik, Gestik, Ausdruck) sowie Faktoren des Arbeitsverhaltens auf das Phänomen der Aufmerksamkeit geschlossen werden sollte. Die Studie wurde in den Klassen des 8. und 9. Jahrgangs durchgeführt und kommt zu folgenden zentralen Ergebnissen: Das von Maria Montessori beschriebene Phänomen der „Polarisation der Aufmerksamkeit" (beobachtbar vor allem in den Verhaltensweisen „Hände in Bewegung",

„Aufmerksamer Ausdruck“, „Konstante Tätigkeit“) ließ sich in der Gesamtstichprobe bestätigen. Zwei Detailergebnisse sind darüber hinaus interessant. Je größer der Zeitraum für die selbstständige Arbeitsform gesteckt wird, desto eher finden die SchülerInnen zu einer dauerhaften Arbeitshaltung. Offensichtlich ist ein bestimmter Zeitumfang notwendig, um konstant arbeiten zu können. Im Vergleich zwischen Freier Arbeit und Projektarbeit zeigen sich jedoch eindeutig bessere Ergebnisse für die Projektarbeit, bezogen auf das Phänomen der „Polarisation der Aufmerksamkeit“. Meisterjahn-Knebel analysiert dieses Ergebnis dahingehend, dass sich bei der Freien Arbeit möglicherweise die wenig differenzierte Aufgabenstellung negativ auswirkt. Der Anspruch durch die Sache im Rahmen eines Projektes hat offensichtlich einen hohen Aufforderungscharakter.

Umfassende Forschungsprojekte wurden in Schulen der Förderschwerpunkte Lernen und geistige Entwicklung durchgeführt. Biewer (1992) fragte nach Merkmalen des Lernrhythmus auf der Grundlage der Montessori-Pädagogik bei Kindern mit geistiger Behinderung. Beobachtet wurden Kinder im 3.–6. Schulbesuchsjahr in den Phasen der Freien Arbeit. Es wurden Übersichten über Aktivitätsverläufe und Arbeitsschwerpunkte für jedes einzelne Kind erstellt. Die Analyse der Einzelbeobachtungen zeigte, dass auch bei Kindern mit geistigen Behinderungen während der Freien Arbeit ein Lernrhythmus existiert. Der Lernrhythmus zeigte sich sowohl bei der kurzfristigen Materialauswahl für einen Tag als auch bei der längerfristigen Auswahl über Tage und Wochen. Biewer (1992) zieht aus seiner Untersuchung folgendes Resümee: Kinder mit geistigen Behinderungen können im Rahmen der Montessori-Pädagogik angemessen gefördert werden. Die klassischen Montessori-Materialien sollten für Kinder mit schwereren Behinderungen durch zusätzliche Materialien ergänzt werden, die basale Lernerfahrungen ermöglichen.

Die Montessori-Schule der Aktion „Sonnenschein“, die Anfang der 1970er Jahre von Hellbrügge in München gegründet wurde, ist das älteste schulische Integrationsmodell in Deutschland. In wissenschaftlichen Begleituntersuchungen konnte insbesondere herausgefunden werden, dass ehemalige Montessori-SchülerInnen eine wesentlich geringere soziale Distanz gegenüber Kindern mit Behinderungen zeigten, als dies bei einer Vergleichsgruppe von Kindern einer Regelschule der Fall war. Hellbrügge (1994) sieht in der Montessori-Pädagogik eine geeignete pädagogische Grundausrichtung, um Kinder mit und ohne Behinderungen gemeinsam zu erziehen und zu unterrichten. Das Münchner Montessori-Modell und die in diesem Zusammenhang entwickelte Montessori-Therapie und Heilpädagogik haben jedoch in der pädagogischen und heilpädagogischen Literatur keine sehr große Beachtung erfahren. Als zentraler Kritikpunkt wird die völlige Unterordnung des pädagogischen Ansatzes unter die Domäne der Medizin genannt (Biewer 1996).

Zur Kreativitätsförderung bei Kindern im Vorschulalter legt Kim (2008) eine aktuelle Studie vor. Auf der Basis der Ergebnisse der amerikanischen Kreativitätsforschung wird unter Rückgriff auf die Entwicklungstheorie von Piaget die Frage gestellt: Wie lässt sich das Kreativitätsverhalten begreifen, beschreiben und messen? Bildet die von Maria Montessori beobachtete „schöpferische Fantasie“ einen systematischen, bedeutsamen Sachverhalt im Verhalten von Vorschulkindern? Methodisch wird das Kreativitätsphänomen über Testverfahren ermittelt, die zeichnerische Fähigkeiten erfassen. Die Stichprobe besteht aus 326 Kindern, die 12 Montessori-Kinderhäuser und 15 Regelkindergärten besuchen. Als Gesamtergebnis kann Kim einen statistisch signifikanten Zusammenhang zwischen Kreativitätsförderung und Einrichtungsform festhalten. In der abschließenden Betrachtung zeigen Kinder aus Montessori-Kinderhäusern in verschiedenen Merkmalsausprägungen von Kreativität eine Überlegenheit gegenüber Kindern aus Regelkindergärten. Kim interpretiert ihre Ergebnisse dahingehend, dass die selbstständige Auseinandersetzung mit den Montessori-Materialien und die Motivation zur Durchführung eigener Ideen durchaus positive Wirkung auf die Bildung der kreativen Persönlichkeit haben kann.

Gewiss können die referierten Ergebnisse häufig schon aufgrund der sehr kleinen Stichproben nicht als repräsentativ gelten, sind folglich nicht verallgemeinerbar und nur sehr zurückhaltend zu interpretieren. Darüber hinaus verbietet eine seriöse wissenschaftliche Betrachtungsweise auch den Vergleich der Befunde, die mittels sehr unterschiedlicher Verfahren gewonnen wurden. Dennoch ist es eindrucksvoll, in welchem Umfang die Kernaussagen der Montessori-Pädagogik in der Erziehungswirklichkeit zu leben scheinen.

Aktuelle pädagogische Bezüge

Neben einer Fülle empirischer Untersuchungsergebnisse, die das wissenschaftliche Interesse an der Montessori-Pädagogik belegen, lässt sich ihre Aktualität auch in der Pädagogik nachweisen.

Die Polarisation der Aufmerksamkeit und das Flow-Phänomen

Ausgangspunkt der Montessori-Pädagogik ist das bereits dargestellte Phänomen der „Polarisation der Aufmerksamkeit". Fischer (1999b) stellt einen interessanten aktuellen Bezug zwischen diesem „Montessori-Phänomen" und dem „Flow-Phänomen" her. Csikszentmihalyi (1991, 1992), Professor für Psychologie an der Universität von Chicago, beobachtete in den 1960er Jahren eine Gruppe von Malern, Bildhauern und Tänzern, deren intrinsische Motivation bei der Arbeit ihn faszinierte.

Das Phänomen „Flow" wird in annähernd gleicher Form beschrieben wie die „Polarisation der Aufmerksamkeit". Im Detail wird „Flow" als optimale Herausforderung an das Können eines Menschen und an seine Absorption durch die Aufgabe definiert. Die entstehende Freude wird beim Abschluss einer schwierigen Aufgabe empfunden und durch die innere Vorwärtsbewegung hervorgerufen. Der Begriff „Flow" wurde gewählt, da er das Gefühl scheinbar müheloser Bewegung gut beschreibt, die aber keinesfalls mühelos ist. Charakteristisch ist eine vollkommene Vertiefung in die Arbeit, die eine Veränderung des Zeitgefühls bewirkt. Während des „Flow"-Erlebnisses sind keinerlei Ziele oder Belohnungen notwendig, die außerhalb dieses Geschehens liegen. Bezogen auf die „Polarisation der Aufmerksamkeit" können wir folgern, dass der Grund für die Beschäftigung der 3-jährigen mit den Einsatzzylindern in der Tätigkeit selbst liegt. Die Tätigkeit wird um ihrer selbst willen ausgeführt.

Csikszentmihalyi und Montessori betonen in ähnlicher Form die Auswirkungen der tiefen Konzentration über den individuellen Bereich hinaus für das gesellschaftliche Zusammenleben. Jemand, der lernt, „Flow" zu erleben, wird innerhalb der Gesellschaft weniger auf extrinsische Anreize angewiesen sein. Menschen, die keine „Flow"-Erfahrungen machen, werden verstärkt auf Ersatzbefriedigungen angewiesen sein (Fischer 1999b).

Csikszentmihalyi (1991, 1992) nennt in seinen Studien verschiedene Hauptkomponenten, die punktuell oder gemeinsam bei „Flow"-Erlebnissen auftreten:

- Die Erfahrung findet statt, wenn wir weder Angst noch Langeweile empfinden und uns der Aufgabe gewachsen fühlen.
- Wir müssen fähig sein, uns zu konzentrieren, und es müssen Handlungsmöglichkeiten vorhanden sein.

- Positive Erfahrungen ermöglichen, ein Gefühl von Kontrolle über die Tätigkeiten zu erleben.
- Gehandelt wird in einer tiefen, mühelosen Hingabe, welche die Sorgen des Alltags vergessen lässt.
- Das Bewusstsein für zeitliche Dimensionen ist verändert.

Die Kombination der genannten Elemente ruft ein tiefes Gefühl von Freude und Befriedigung hervor, weckt die Bereitschaft, viel Energie aufzuwenden und das Bedürfnis nach Wiederholung (Csikszentmihalyi 1991, 75ff; 1992, 20ff).

Fischer (1999b) weist darauf hin, dass die genannten Hauptkomponenten des „Flow-Phänomens“ auch in der Struktur der Montessori-Materialien angelegt sind. Maria Montessori beobachtete die Kinder bei ihrer Arbeit mit den Lern- und Entwicklungsmaterialien und hielt jene Materialien für geeignet, die „Flow“ bzw. „Polarisation der Aufmerksamkeit“ ermöglichen.

Die Kosmische Theorie und die heutige Öko-Pädagogik

Der aus der Biologie stammende Begriff „Ökologie“ geht auf den Jenaer Professor für Zoologie, Ernst Heckel (1843–1919), zurück, der Biologie als Wissenschaft begründete. Für Heckel stand die Erforschung der Wechselbeziehungen zwischen einzelnen Arten und ihrer Umwelt im Vordergrund (Ludwig 1999c). Erst Anfang des 20. Jahrhunderts entstand ein umfassendes Verständnis von Ökologie als Lehre von der Wechselwirkung zwischen den Strukturen des Organismus und der Umwelt.

Innerhalb der reformpädagogischen Strömungen hielt die ökologische Betrachtungsweise Einzug in die Pädagogik und wurde insbesondere unter der Kategorie „Schulleben“ diskutiert. Peter Petersen beispielsweise betrachtete Schule und Unterricht als System, in dem alle Komponenten in wechselseitiger Verknüpfung stehen. Maria Montessori ging es in der Kosmischen Theorie (siehe Kapitel 3) um das Problem Mensch – Umwelt. Sie war der Auffassung, dass sich mit Hilfe ökologischer Vorgehensweisen Störungen in der Natur beseitigen lassen, die der Mensch selbst hervorgerufen hat. Folglich ist kosmische Erziehung notwendig.

Ludwig (1999c) weist darauf hin, dass deutliche Bezüge zwischen der kosmischen Erziehung und modernen schulpädagogischen und didaktischen Prinzipien bestehen: Wissenschafts- und

Handlungsorientierung, Interdisziplinarität, Verknüpfung von natur- und sozialwissenschaftlichen Bereichen.

Ludwig (1999c) stellt einen interessanten Vergleich zwischen der kosmischen Erziehung und der gegenwärtigen Öko-Pädagogik auf. Schon die Konzeption der „vorbereiteten Umgebung", so Ludwig, beinhaltet die Vorstellung, dass die Umwelt für pädagogische Lernprozesse reflektiert werden muss. Erneut kann an dieser Stelle auf die Parallelen hinsichtlich des Lernverständnisses zwischen Maria Montessori und Jean Piagets verwiesen werden. Lernen wird als aktive Auseinandersetzung des heranwachsenden Menschen mit seiner Umwelt angesehen. Im Zentrum steht die Herstellung eines Gleichgewichtes zwischen den kognitiven Strukturen und der Umwelt. Maria Montessori sieht den Menschen darüber hinaus in einer dreifachen Perspektive: Als Werk der Natur, als Werk des Menschen in der Gesellschaft und als Werk seiner selbst. Maria Montessori weist zwar auf die Gefahren des technischen Fortschritts für die Menschen hin, ist aber unvereinbar mit Strömungen der Öko-Pädagogik, deren Grundhaltung aus einer radikalen Ablehnung jeglicher industriellen Entwicklung besteht. Maria Montessori dagegen strebt im Rahmen ihrer Pädagogik eine Steigerung der kreativen Intelligenz des Menschen an, die den technischen Fortschritt ermöglicht.

Systemisch-konstruktivistisches Denken

Übereinstimmungen der Montessori-Pädagogik bestehen ferner mit aktuellen systemisch-konstruktivistischen Denkmodellen der heutigen Pädagogik. Systemisch-konstruktivistisches Gedankengut hat in Pädagogik, Heil- und Sonderpädagogik, Beratung, Frühförderung und Therapie der 1990er Jahre breite Beachtung gefunden. Auslöser des Paradigmenwechsels innerhalb der Pädagogik war die Kritik in den 1980er Jahren an stark reduktionistischem pädagogischen Denken, welches auf die einseitige Weitergabe von Informationen und Wissen von einem System auf ein anderes abzielt. Häufig wird in der Literatur verkürzend von der Systemtheorie gesprochen. Wichtig ist es aber zu betonen, dass hier ganz unterschiedliche Theorien zugrunde liegen. Im Rahmen dieses Buches kann auf die Vielfalt systemischer Denkmodelle nicht eingegangen werden. Zur Vertiefung im Selbststudium sei an dieser Stelle auf die Einführung in systemisch-konstruktivistische Pädagogik von Reich (2000) verwiesen.

Zur Verbreitung systemisch-konstruktivistischen Gedankengutes hat insbesondere die biologische Kognitionstheorie von Maturana u. Varela (1987) beigetragen. Weitere bedeutsame Vertreter dieser theoretischen Strömung, die auch als radikaler Konstruktivismus bezeichnet wird, sind Piaget und Watzlawick. Im Zentrum steht die Frage: Wie entstehen menschliche Wissenskonstruktionen? Im radikalen Konstruktivismus wird der Mensch als alleiniger Konstrukteur des Wissens angesehen. Alle Konstruktionen der Lebenswelt sind allein im Subjekt begründet. Folglich gibt es keine objektive Wirklichkeit, sondern nur subjektive Welten. In ihrer biologisch-naturwissenschaftlichen Theorie kennzeichnen Maturana u. Varela (1987) die „Autopoiese" (Selbstorganisation) als grundlegenden Mechanismus des Lebendigen. Die Parallele zur Montessori-Pädagogik wird an dieser Stelle deutlich sichtbar. Sie bezeichnet das Kind als „Baumeister seiner selbst". So kann zu Recht gesagt werden, dass Maria Montessori bereits Anfang des 20. Jahrhunderts zentrale Grundgedanken vorweggenommen hat, die heute im radikalen Konstruktivismus dargestellt werden.

Entwicklung wird auf der Basis systemisch-konstruktivistischen Denkens weder als anlage- noch als umweltbedingt begriffen, sondern als „natürliches Driften". „Wir sehen die Evolution hier als ein natürliches Driften bei fortwährender phylogenetischer Selektion. Dabei gibt es keinen Fortschritt im Sinne einer Optimierung oder Nutzung der Umwelt, sondern nur die Erhaltung der Anpassung und Autopoiese in einem Prozess, in dem Organismus und Umwelt in dauernder Strukturkoppelung bleiben." (Maturana, Varela 1987, 127)

Besondere Beachtung hat der skizzierte theoretische Bezugsrahmen in der Heil- und Sonderpädagogik erfahren. Auch ein Mensch mit Behinderung ist ein sich selbst organisierendes nichtdefizitäres Wesen. In der aktuellen Diskussion zur Frühförderung wird das Kind folglich als „Akteur seiner Entwicklung" betrachtet (Kautter et al. 1988). Auch ein Kind mit Behinderung ist kompetent, durch „natürliches Driften" zwischen den eigenen Möglichkeiten und den Umweltbedingungen die Entwicklung subjektiv sinnvoll voranzutreiben. Konkret heißt dies, die Verhaltensweisen des Kindes als individuell eigenständige Lernwege in die Förderung einzubeziehen.

Internationale Entwicklungen

Maria Montessori war unbestritten nicht nur Italienerin, sondern Europäerin und Weltbürgerin. Schon die Gründung der Association Montessori International (AMI) 1929 in Nizza war auf eine internationale Verbreitung der Montessori-Pädagogik ausgerichtet. Maria Montessori hielt Ausbildungskurse in Italien, England, Indien, Spanien, Frankreich, den Niederlanden, Österreich, Deutschland und den USA. Sie unterhielt ihre Wohnsitze von 1906–1916 in Rom, von 1916–1936 in Barcelona, von 1936–1939 in Amsterdam, von 1939–1949 in Madras und von 1949 bis zu ihrem Tod wiederum in Amsterdam (Schulz-Benesch 1999).

In den folgenden Abschnitten wird die internationale Entwicklung der Montessori-Pädagogik exemplarisch anhand ausgewählter Länder skizziert. Eine ausführliche Darstellung findet sich bei Ludwig (1999b).

In Polen wurde die Montessori-Pädagogik nach dem 2. Weltkrieg zunächst als Produkt des Bürgertums eingestuft und aus der pädagogischen Literatur ausgeschlossen (Miksza 1999). Die Montessori-Bewegung in Polen befindet sich auch im 21. Jahrhundert noch in den Anfängen. 1990–1993 wurden unter der Schirmherrschaft der Montessori-Vereinigung e.V. mit Sitz in Aachen erstmalig Montessori-Kurse durchgeführt. Es wurden Kontakte zur Münchner Aktion „Sonnenschein“ mit dem Ziel aufgenommen, die Montessori-Pädagogik in der Sonder- und Heilpädagogik anzuwenden. 1994 wurde die Polnische Montessori-Gesellschaft (PSM) mit Sitz in Lodz gegründet.

Die Anfänge der Montessori-Bewegung in Österreich reichen bis in die ersten Jahrzehnte des 20. Jahrhunderts. 1917–1938 war Wien das Zentrum der österreichischen Montessori-Pädagogik. 1917 eröffneten Ordensschwestern der Franziskanerinnen, die von Mitschwestern aus Mailand in die Montessori-Pädagogik eingeführt wurden, in einem Kindergarten in Wien eine erste Gruppe, die nach der Montessori-Pädagogik geführt wurde. Bereits 1928 gab es 20 ausgebildete Montessori-LehrerInnen (Hammerer 1999).

Nach dem 2. Weltkrieg fand durch die erzwungene Emigration der meisten jüdischen Montessori-LehrerInnen zunächst kein Neubeginn statt. Seit den 70er Jahre existierten Initiativen. 1988 wurde in Salzburg ein Verein der Montessori-Pädagogik gegründet. 1990 wurde ein österreicher Bundesverband für Montessori-Pädagogik ins Leben gerufen.

Eine außerordentlich weite Verbreitung im Schulsystem hat die Montessori-Pädagogik in den Niederlanden erfahren. Kelpin (1999) nennt für 1995 die Zahl von 160 Montessori-Grundschulen, während 1986 nur 114 Montessori-Grundschulen existierten. 1997, so Kelpin (1999), wurde die bisher letzte Montessori-Schule für weiterführenden Unterricht in Maastricht eingerichtet. Somit verfügen die Niederlanden über insgesamt 18 Montessori-Schulen mit weiterführendem Unterricht. Als Gründe für die offensichtliche Expansion der Montessori-Pädagogik innerhalb des Schulsystems werden genannt, dass der niederländische Staat alternativen Schulen keine starren Regeln auferlege und Kosten für die sachliche Ausstattung großzügig erstatte.

Bereits 1914 wurde in den Niederlanden die erste Montessori-Vorschule eingerichtet. Zwei Jahre später wurde eine Primarstufenschule ins Leben gerufen. 1917 wurde die niederländische Montessori-Vereinigung gegründet. Insgesamt betrachtet, war es für die weite Verbreitung sicherlich ausschlaggebend, dass Maria Montessori zwischen 1949 und 1952 ihren Wohnsitz überwiegend in Amsterdam hatte.

Gebhardt-Seele (1999) zeichnet die Geschichte der Montessori-Pädagogik in den USA nach. 1911 wurde die Pädagogik erstmals öffentlicht bekannt. Bereits 1913 gab es ca. 100 Montessori-Schulen. Die Entwicklung stagnierte jedoch, da Maria Montessori die Lehrerausbildung nicht aus der Hand geben wollte und folglich keine ausgebildeten LehrerInnen existierten. Ab 1960 setzte eine Renaissance ein, die bis heute anhält. Derzeit existieren ca. 3000 private Montessori-Schulen, da das Schulwesen in den USA alternativen pädagogischen Strömungen gute Möglichkeiten der Realisierung bietet.

10 Ausblick: Montessori-Pädagogik im 21. Jahrhundert

Die Montessori-Pädagogik lebt in vielfältiger nationaler und internationaler Form auch im neuen Jahrtausend. Maria Montessori hat „das Kind" in ihrer Pädagogik bereits zu Beginn des 20. Jahrhunderts in einer Aktualität betrachtet, die deutliche Parallelen zu den in der heutigen Zeit favorisierten systemisch-konstruktivistischen Denkmodellen aufweist.

Maria Montessori hat weit mehr an „pädagogischem Erbe" hinterlassen als nur eine Methode. Die Montessori-Pädagogik ist pädagogische Theorie, ist Erziehungskonzeption und Praxismethode. Allerdings bedarf es keiner dogmatischen Festschreibung ihrer Gedanken, sondern einer Öffnung und Weiterentwicklung.

Noch zu oft bleibt nach einem Besuch in einer traditionellen Montessori-Einrichtung bei der Betrachterin die übermäßige Disziplin der Kinder in der Erinnerung haften. Mancherorts wird die Montessori-Pädagogik heutzutage dogmatischer gelehrt und praktiziert, als Maria Montessori es selbst tat. Auch den Umgang mit ihren Materialien hat sie offener betrachtet, als dies in einigen Ausbildungskursen vermittelt wird. Maria Montessori weist z. B. in ihren frühen Schriften auf die Selbstherstellung und Weiterentwicklung ihrer Sinnesmaterialien hin. Obwohl es sich bei der Montessori-Pädagogik um eine Konzeption handelt, die zur Jahrhundertwende entwickelt wurde, bietet sie wertvolle Anregungen für Erziehung und Unterricht auch nach der Jahrtausendwende. Notwendig ist es allerdings, das Kind des 21. Jahrhunderts in den Mittelpunkt der Betrachtung zu rücken und zu verstehen.

„Wir alle blicken auf das Kind, weil wir erkannt haben, daß bei ihm noch alles werden kann, daß in ihm alle Möglichkeiten vorhanden sind, während der Erwachsene wohl Gedanken und Grundsätze ausdrücken kann, sich aber mehr oder weniger auf sie festgelegt hat und sich nur schwer noch ändern kann." (Montessori 1985, 35)

11 Materialien

Zeittafel

1870	am 31. August wird Maria Montessori als einziges Kind des Finanzbeamten Alessandro Montessori und seiner Frau Renilde, geb. Stoppani, in Chiaravalle bei Ancona in Italien geboren.
1876–1890	Besuch der Grundschule und der Technischen Oberschule für Jungen
1890–1892	Studium der Naturwissenschaften
1892–1896	Studium der Medizin an der Universität Rom, Promotion als erste Ärztin Italiens, Assistenzärztin an der Psychiatrischen Universitätsklinik in Rom
1899	Dozentin am Ausbildungsinstitut für LehrerInnen
1900–1902	Leitung des neugegründeten Heilpädagogischen Institutes in Rom
1902	Studium der Pädagogik, Experimentalpsychologie und Anthropologie
1907	Eröffnung des ersten Kinderhauses (Casa dei Bambini) in San Lorenzo, einem Römischen Elendsviertel
1909	Maria Montessori schreibt ihr erstes Buch, italienischer Originaltitel: „Il methodo della pedagogica", deutscher Titel (1913): „Selbsttätige Erziehung im frühen Kindesalter". (Heutiger Titel: „Die Entdeckung des Kindes").
1911	Maria Montessori unternimmt Vortragsreisen in zahlreiche Länder.

1929 erfolgt der Zusammenschluss nationaler Montessori-Vereine zur Association Montessori International (AMI).

1936–1946 Die Montessori-Pädagogik erlebt einen Rückschlag zur Zeit des Faschismus. Ihre Einrichtungen werden geschlossen und ihre Bücher verbrannt.

1939 Maria Montessori lebt mit ihrem Sohn und dessen Familie in Indien; die Montessori-Pädagogik wird in indischen Schulen eingeführt.

1949 nimmt sie ihren Wohnsitz in den Niederlanden, dem Sitz der Internationalen Montessori-Vereinigung ein.

1952 am 6. Mai stirbt Maria Montessori im Alter von 82 Jahren im niederländischen Noordwijk aan Zee. Ihr Sohn Mario und die Enkel Mario und Renilde führen ihr Lebenswerk fort.

Erläuterung wichtiger Begriffe in der Montessori-Pädagogik

Anthropologischer Ansatz: Maria Montessori rückt die menschliche Personalität ins Zentrum. Personalität ist jedem Menschen eigen, unabhängig vom Kulturkreis. Geist und Intelligenz sind Mittelpunkt der menschlichen Existenz. Personalität ist gelungene Integration menschlicher Sozialität. Der Mensch tritt als soziale Personalität in Erscheinung und ist eingebunden in einen kosmischen Schöpfungsplan. Abweichungen vom Weg der Entwicklung menschlicher Personalität sind Deviationen. Normalität ist dann gegeben, wenn sich die entwickelnde kindliche Person durch ein inneres Gleichgewicht in Harmonie befindet. Anormalität zeigt ein Kind, dessen inneres Wachstum durch Repressionen erstickt worden sind. Anormalität ist Resultat unterdrückter Energie. Notwendig ist eine Rückkehr zu den schöpferischen Energien. Normalisierung entsteht durch die Konzentration auf eine Arbeit mit der Hand.

Embryo (geistiger, psychischer, sozialer): Der Begriff Embryo hat metaphorische Bedeutung. Maria Montessori wählt die Bezeichnungen geistiger, psychischer, sozialer Embryo in Analogie zur physischen Entwicklung des Embryos.

Erdkinderplan: Maria Montessori hat für das Jugendalter (12–18 Jahre) als eigene Erziehungskonzeption den sogenannten „Erdkinderplan" entwickelt. Hierin beschreibt sie eine Lebensform auf dem Land, in der die Jugendlichen unter dem Aspekt der wirtschaftlichen Unabhängigkeit folgende Einrichtungen führen: Bauernhof, Geschäft, Gasthaus. Da die Jugendlichen durch ihre Arbeit auf dem Land von den Ursprüngen her in die Kultur eindringen, nennt Maria Montessori ihre Konzeption „Erdkinderplan". Den Ausführungen zum Erdkind führt Maria Montessori einen Studien- und Arbeitsplan hinzu. Hier werden drei große Inhaltsbereiche unterschieden: Moralische Pflege, Leibespflege, Programm und Methoden. Im Hinblick auf die Methoden liegt die Betonung auch hier wieder auf der freien Wahl der Arbeit. Die erforderlichen Tätigkeiten sollen den Jugendlichen in Form eines Planes jederzeit vor Augen sein. In den geforderten Methoden wird sowohl die Achtung vor den Jugendlichen deutlich als auch die Bewahrung seiner Würde. Alle Methoden sollen darauf ausgerichtet sein, den Selbstfindungs- und Selbstbildungsprozess des Jugendlichen zu unterstützen und zu fördern.

Erziehung: Das erzieherische Grundverständnis von Maria Montessori trägt folgende 4 Ausrichtungen: Individualerziehung, soziale Erziehung, sittliche Erziehung, religiöse Erziehung. Die deutlichste Maßnahme direkter sozialer Erziehung liegt sicherlich in der sogenannten „Altersmischung". Maria Montessori gibt vor, dass mindestens drei Jahrgänge von Kindern ein soziales Miteinander erlernen. Durch die Altersmischung ergeben sich zahlreiche Möglichkeiten des sozialen Lernens wie Helfen und Sichhelfenlassen, Zurückstehen und Sichdurchsetzen, eigene Interessen vertreten und die Bedürfnisse anderer wahrnehmen. Disziplin an der Sache ist das Fundament sittlicher Erziehung. Disziplin, Ruhe und Güte sind für Maria Montessori Ausdruck des normalisierten Kindes. Das Kind, das sich konzentriert Dingen zuwendet, sich bewegt und handelnd geistige Nahrung aufnimmt, entfaltet seine Persönlichkeit. Darüber hinaus geht Maria Montessori davon aus, dass der Mensch ein religiöses Wesen ist. Die Montessori-Pädagogik fördert daher die Glaubenserziehung auf der Basis der christlich-abendländischen Tradition.

Geist, absorbierender: Mit diesem Begriff beschreibt Maria Montessori die besondere Geistesform des Kindes in den ersten Lebensjahren, die es ihm ermöglicht, Anregungen aus seiner Umgebung mit Leichtigkeit gleichsam wie ein Schwamm aufzusaugen. Dieses Aufsaugen oder Absorbieren geschieht nicht willentlich und bleibt somit unbewusst.

Geist, mathematischer: Mit diesem Begriff wird die einzigartige Funktion des menschlichen Gehirns im Unterschied zum höheren Tier deutlich gemacht. Maria Montessori verwendet diesen Begriff, wenn sie über Entwicklungsvorgänge der menschlichen Person und deren Förderung spricht. Der mathematisch genannte Geist ist „umfassend ordnend".

Kosmische Theorie: Maria Montessori steht in der philosophischen Tradition, die den Kosmos als geordnetes Universum ansieht. Der Kosmos wird theologisch als Schöpfungsordnung interpretiert. Alles steht als Teil des Universums in Verbindung zueinander, um eine größere Einheit zu bilden. Der Mensch ist mit Geist und Intelligenz ausgestattet und führt als „Kosmisch-Handelnder" eine „verändernde Funktion" auf die Natur aus. Er schafft Kultur, vermag es, zum „Bewusstsein seiner kosmischen Verantwortung" zu gelangen, indem er ein „universelles Bewusstsein" entwickelt. Maria Montessori sieht die Notwendigkeit einer kosmischen Erziehung.

Lehrerin: Maria Montessori fordert eine pädagogische Grundhaltung, die unterstützende Hilfe anbietet. Die Lehrerin ist Helferin beim Selbstaufbau des Kindes. Im Detail lassen sich 5 Aufgabenbereiche der Lehrerin unterscheiden: Selbstvorbereitung, Vorbereitung der Umgebung, Gewährung von Entwicklungsfreiheit, Überwachung der Lektionen, Warten und Beobachten.

Normalisierung: Ein normalisiertes Kind ist für Maria Montessori ein psychisch gesundes Kind, das sich entsprechend seinen Wachstumsimpulsen harmonisch entwickeln konnte. Kennzeichnend sind: Stabiles Arbeits- und Sozialverhalten, Selbstständigkeit, Ausdauer, Konzentrationsfähigkeit und Disziplin. Ein normalisiertes Kind erhielt durch den Erwachsenen die notwendigen Bedingungen für sein Wachstum. Von zentraler Bedeutung für den Normalisierungsprozess sind: Polarisation der Aufmerksamkeit, vorbereitete Umgebung und freie Wahl.

Polarisation der Aufmerksamkeit: Hierunter versteht Maria Montessori die Bündelung aller leib-seelischen Kräfte, die dazu führt, dass das Kind „selbstvergessen" in seiner Arbeit versinkt. Sie beobachtete dieses Phänomen in ihrem ersten Kinderhaus in Rom. Ein Mädchen wiederholte die Übung mit den Einsatzzylindern in tiefer Konzentration 44mal und ließ sich durch keinerlei Ablenkungsmanöver beirren. Die Handlung wurde erst beendet, als ohne erkennbaren äußeren Grund eine innere Sättigung eingetreten war. Dieses Erlebnis wurde für Maria Montessori der Ausgangspunkt ihrer weiteren pädagogischen Arbeit.

Reformpädagogik: Hierunter werden eine Vielzahl unterschiedlicher Strömungen zusammengefasst, die zwischen 1890 und 1933 auf die Erneuerung von Schule und Erziehung ausgerichtet waren. Als gemeinsames Charakteristikum war eine intensive Hinwendung zum Kind zu verzeichnen. Die traditionelle „Stoff-, Lern- und Buchschule" wurde abgelehnt. Das Kind galt als selbstständiges Individuum, welches zu seiner Entwicklung eine eigene und individuelle Welt benötigt. Zu den wichtigsten reformpädagogischen Strömungen zählen: Pädagogik vom Kinde aus, Arbeitsschulbewegung, Kunsterziehungsbewegung, Lebensgemeinschaftsschulen, die Jena-Plan-Schule von Peter Petersen und die Montessori-Schule. Die aktuelle schulpädagogische Diskussion greift häufig auf reformpädagogisches Gedankengut zurück.

Sensible Perioden: Das sind bestimmte Perioden der Empfänglichkeit in der kindlichen Entwicklung, die von vorübergehender Dauer sind und dazu dienen, bestimmte Fähigkeiten zu erwerben. Der Erwerb gelingt in einer durch den Erwachsenen entsprechend vorbereiteten Umgebung. Maria Montessori übernimmt diesen Begriff von dem niederländischen Biologen de Vries.

Sinnesmaterial: Umfangreiches Sortiment an Materialien, das jeweils einen Sinn isoliert anspricht. Maria Montessori geht es bei der Schulung der Sinne nicht um den Sinneseindruck an sich, sondern um das Vergleichen, Unterscheiden, Ordnen und Benennen der wahrgenommenen Sinneseindrücke. Auf diesem Weg sollen die kognitiven Prozesse des Erkennens, Verstehens und Einordnens wahrgenommener Eindrücke ausgebildet und geschult werden. Über die Sinnesmaterialien soll ein Ordnungssystem vermittelt werden. Die Anregung, sich mit der Schulung der Sinne zu befassen, erhielt Maria Montessori aus den Werken von Jean Itard und Eduard Seguin. Beide hatten die Bedeutung der Übung der Sinnesorgane für die geistige Entwicklung des Kindes hervorgehoben.

Vorbereitete Umgebung: Sie ist die entwicklungspädagogische Antwort auf die sensiblen Perioden des Kindes. Die vorbereitete Umgebung bietet dem Kind einen Gestaltungsspielraum für den Umgang mit anderen Menschen und mit Gegenständen. Grenzen werden durch die Bedürfnisse anderer Menschen und durch den würdevollen Umgang mit den Dingen gesetzt. Der Lehrerin kommt die Aufgabe zu, dafür Sorge zu tragen, dass sich das Kind in der vorbereiteten Umgebung entfalten und arbeiten kann. Von großer Bedeutung sind in diesem Zusammenhang die Montessori-Materialien.

Anmerkung:
Zur Vertiefung und Erweiterung der genannten Schlüsselbegriffe wird folgende Literatur empfohlen, die hier zugrundeliegt: Steenberg, U. (Hrsg.) (1998): Handlexikon zur Montessori-Pädagogik.

Exkurs: Texte von Maria Montessori

Der geistige Embryo – Die Fleischwerdung

Wenn wir das Wort Fleischwerdung gebrauchen, so drücken wir damit die Vorstellung aus, in dem Körper eines Neugeborenen sei ein Geist Fleisch geworden, um auf dieser Erde zu leben. Diese Vorstellung ist im Christentum als eines der verehrungswürdigsten Mysterien der Religion lebendig, als die Inkarnation des göttlichen Geistes nach dem Wort: „et incarnatus est de Spiritu Sancto: et homo factus est."

Hingegen betrachtet die Wissenschaft das Neugeborene als ein Wesen, das aus dem Nichts gekommen ist. Demnach ist es lediglich Fleisch, kein fleischgewordener Geist, ein Organismus aus Geweben und Organen, die zusammen ein lebendiges Wesen bilden. Auch hier haben wir ein Mysterium vor uns: Warum und wie ist dieser komplizierte, lebendige Körper aus dem Nichts entstanden? Aber es ist nicht unsere Aufgabe, uns mit derlei Betrachtungen aufzuhalten, vielmehr wollen wir in die Wirklichkeit eindringen und unter ihre Oberfläche blicken.

Bei der Pflege des Neugeborenen ist, wie wir nun bereits wissen, große Rücksicht auf dessen Seelenleben erforderlich. Wenn aber bereits das Neugeborene ein Seelenleben besitzt, um wieviel mehr wird dies bei einem Kinde während seines ersten Lebensjahres und nachher der Fall sein! Der eigentliche Fortschritt der Kinderpflege besteht gerade in der Rücksichtnahme nicht nur auf das körperliche, sondern auch auf das seelische Leben. Man hat heute erkannt, dass die Erziehung mit der Geburt zu beginnen hat. Hierbei wird das Wort Erziehung natürlich nicht im Sinne von Unterricht verstanden, sondern im Sinne einer Unterstützung der seelischen Entwicklung des Kindes. Wenn sich jetzt die Überzeugung durchgesetzt hat, dass das Kind schon von der Geburt an ein richtiges Seelenleben besitzt, so ist dies nur dadurch möglich geworden, dass wir gelernt haben, zwischen dem Bewussten und dem Unbewussten zu unterscheiden. Das Unbewusste, in dem eine Fülle von Impulsen und seelischen Tatsachen ihren Ursprung haben, ist heutzutage in der Sprache des Volkes schon beinahe zum festen Begriff geworden.

Aber selbst wenn man sich auf die augenfälligsten und elementarsten Ideen beschränkt, wird man doch annehmen dürfen, dass bereits im Säugling ein Spiel der Instinkte vor sich geht, das sich nicht bloß auf die Funktionen der Verdauung, sondern auch auf seelische Funktionen bezieht. An den Jungen der Säugetiere können wir beobachten, wie rasch sie aus innerem Antrieb die Eigentümlichkeiten ihrer Art entwickeln. In seinen Bewegungen zeigt das Menschenkind freilich weit langsamere Entwicklungsmöglichkeiten als das tierische Neugeborene. Zwar funktionieren seine Sinnesorgane vom Augenblick der Geburt an – ist doch das Kind sogleich empfindlich für Licht, Lärm und Berührung – aber seine Bewegungen bleiben lange Zeit unentwickelt.

Quelle: Maria Montessori: Kinder sind anders. Il Segreto dell'Infanzia. Bearb. v. Helene Helming. Aus d. Ital. v. Percy Eckstein/Ulrich Weber. Klett-Cotta, Stuttgart 1952, 13. Aufl. 1993, 48f

Die sensiblen Perioden

Schon ehe man von Ausdrucksmitteln sprechen darf, führt die Sensibilität des Kleinkindes zu einem primitiven seelischen Aufbau, der freilich zunächst verborgen bleibt.

Trotz der Ungreifbarkeit dieses frühkindlichen Seelenlebens wäre es irrig, sein Vorhandensein – etwa im Falle der Sprache – zu leugnen. Dies würde zu der Annahme führen, dass die Sprache bereits völlig ausgeformt im kindlichen Geist vorliege, auch wenn die motorischen Organe des Wortes noch nicht ihre Ausdrucksfähigkeit erlangt haben. In Wirklichkeit besteht zunächst lediglich die Anlage zum Hervorbringen einer Sprache. Ähnlich verhält es sich mit der Gesamtheit der seelischen Welt, von der die Sprache nur eine äußere Kundgebung darstellt. Im Kinde ist die schöpferische Haltung, die potentielle Energie vorhanden, die es befähigt, aufgrund seiner Umwelteindrücke eine seelische Welt aufzubauen.

Von ganz besonderem Interesse ist für uns die vor kurzem gemachte Entdeckung der Biologie, wonach es in bezug auf die Entwicklung ganz bestimmte Empfänglichkeitsperioden (sensible Perioden) gibt. Worin besteht und wie erfolgt die Entwicklung, das Wachstum eines Lebewesens? Wenn man von Entwicklung und Wachstum spricht, bezieht man sich auf einen von außen feststellbaren Vorgang, dessen innerer Mechanismus jedoch erst seit kurzem in einigen seiner Einzelheiten ergründet worden ist. Die moderne Forschung hat dazu zwei wesentliche Beiträge geliefert. Der eine von diesen bestand in der Entdeckung der inneren Drüsensekretion, von der das körperliche Wachstum abhängt. Sie hat einen gewaltigen Einfluss auf die Kinderheilkunde ausgeübt und eine dementsprechende Volkstümlichkeit erlangt. Der andere Beitrag bestand in der Erkenntnis, dass es bestimmte Perioden gesteigerter Empfänglichkeit gibt, woraus sich neue Möglichkeiten für das Verständnis des seelischen Wachstums erschließen.

Der holländische Gelehrte De Vries entdeckte die Empfänglichkeitsperioden bei den Tieren, und uns gelang es in unseren Schulen dieselben „sensiblen Perioden" auch in der Entwicklung der Kinder festzustellen und den Zwecken der Erziehung nutzbar zu machen. Es handelt sich um besondere Empfänglichkeiten, die in der Entwicklung, das heißt im Kindesalter der

Lebewesen auftreten. Sie sind von vorübergehender Dauer und dienen nur dazu, dem Wesen die Erwerbung einer bestimmten Fähigkeit zu ermöglichen. Sobald dies geschehen ist, klingt die betreffende Empfänglichkeit wieder ab. So entwickelt sich jeder Charakterzug aufgrund eines Impulses und während einer eng begrenzten Zeitspanne. Das Wachstum etwa ist nicht ein unbestimmtes Werden, ererbt und dem Lebewesen angeboren, sondern das Ergebnis einer inneren Arbeit, die von periodisch auftretenden Instinkten sorgfältig geleitet wird. Diese Instinkte nötigen das Lebewesen in gewissen Stadien seiner Entwicklung zu einem Energieaufwand, der sich oft einschneidend von dem des erwachsenen Individuums unterscheidet. De Vries stellte diese sensiblen Perioden zuerst an solchen Insekten fest, bei denen die Entwicklung sich in besonders auffällige Perioden teilt; gehen sie doch durch Metamorphosen hindurch, die der experimentellen Laboratoriumsbeobachtung gut zugänglich sind.

Quelle: Maria Montessori: Kinder sind anders. Il Segreto dell'Infanzia. Bearb. v. Helene Helming. Aus d. Ital. v. Percy Eckstein/Ulrich Weber. Klett-Cotta, Stuttgart 1952, 13. Aufl. 1993, 60f

Das Kind als Baumeister des Menschen

Welche Schlußfolgerungen können wir aus den Berichten der verschiedenen Psychologen ziehen, die das Kind von seinem ersten Lebensjahr an studiert haben? Das Heranwachsen des Individuums darf nicht dem Zufall überlassen werden. Es muss vielmehr wissenschaftlich mit größerer Sorgfalt überwacht werden, um dem Individuum eine bessere Entwicklung zu ermöglichen. Alle sind sich darüber einig, daß das Individuum, dem mehr Pflege und Sorge zuteil wurde, stärker, geistig ausgeglichener und mit energischerem Charakter heranwächst. Mit anderen Worten: Das Kind bedarf außer einer physischen auch einer geistigen Hygiene. Die Wissenschaft hat weitere Entdeckungen gemacht, die die erste Zeit des Lebens betreffen: Das Kind verfügt über größere Energie, als im allgemeinen angenommen wird. Psychisch gesehen ist das Kind bei seiner Geburt nichts; und nicht nur psychisch, da es bei seiner Geburt keine geordneten Bewegungen durchführen kann und ihm die Quasi-Unbeweglichkeit seiner Glieder nicht gestattet, etwas zu tun. Es kann nicht sprechen, auch wenn es sieht, was um es vorgeht. Nach einer bestimmten Zeit spricht das Kind, läuft und macht eine Eroberung nach der anderen, bis es den Menschen in seiner vollen Größe und Intelligenz aufbaut. Somit setzt sich eine Wahrheit durch: Das Kind ist nicht ein leeres Gefäß, das wir mit unserem Wissen angefüllt haben und das uns so alles verdankt. Nein, das Kind ist der Baumeister des Menschen, und es gibt niemanden, der nicht von dem Kind, das er selbst einmal war, gebildet wurde. Die größeren schöpferischen Energien des Kindes, von denen wir bereits mehrmals gesprochen haben und die das Interesse der Wissenschaftler erweckten, wurden bisher von dem Ideenkomplex, der sich um die Mutterschaft gebildet hat, in den Schatten gestellt. Es hieß: Die Mutter bringt das Kind zur Welt, sie lehrt es sprechen, gehen usw. All dies ist jedoch absolut nicht Werk der Mutter, sondern eine Eroberung des Kindes. Die Mutter trägt das Neugeborene aus, aber das Neugeborene bringt den Menschen hervor. Stirbt die Mutter, so wächst das Kind dennoch heran und vollbringt den Aufbau des Menschen. Ein indisches Kind, das nach Amerika kommt und dort von Amerikanern aufgezogen wird, erlernt die englische Sprache und nicht die indische. Die Kenntnis der Sprache stammt also nicht von der Mutter, sondern das Kind eignet sich die Sprache sowie die Angewohnheiten und Gebräuche der Menschen an, unter denen es lebt. Es ist also nicht Ererbtes in diesen Erorberungen. Das Kind formt von sich aus den zukünftigen Menschen, indem es seine Umwelt absorbiert.

Eine Anerkennung dieses großen Werkes, das das Kind vollbringt, bedeutet jedoch nicht eine Herabsetzung der elterlichen Autorität; im Gegenteil, sind diese einmal davon überzeugt, nicht Baumeister, sondern Helfer des Aufbaus zu sein, werden sie umso besser ihre Pflicht erfüllen und das Kind mit größerem Weitblick unterstützen. Aber nur, wenn diese Hilfe in angemessener Form erteilt wird, kann das Kind einen guten Aufbau vollbringen. Auf diese Weise stützt sich die Autorität der Eltern nicht mehr auf ihre Würde an sich, sondern auf die Hilfe, die sie ihren Kindern zuteil werden lassen. Darin gründet die wahre, große Autorität und Würde der Eltern.

Wir wollen das Kind in der menschlichen Gesellschaft aber auch noch von einem anderen Gesichtspunkt aus betrachten. Das Bild des Arbeiters in der marxistischen Lehre ist heute Gemeingut des modernen Bewusstseins geworden: der Arbeiter als Erzeuger von Wohlstand und Reichtum, als wesentlicher Mitarbeiter am großen Werk des gesellschaftlichen Lebens. Als solcher wird er von der Gesellschaft im Hinblick auf seine moralischen und ökonomischen Werte anerkannt und hat somit vom moralischen und ökonomischen Standpunkt her das Recht auf Mittel und Materialien, um seine Arbeit durchführen zu können.

Übertragen wir nun diese Idee auf unser Gebiet und werden wir uns bewusst, daß das Kind ein Arbeiter ist, dessen Aufgabe es ist, den Menschen hervorzubringen. Die Eltern stellen zwar diesem Arbeiter die wesentlichen Mittel zum Leben und für seine aufbauende Arbeit zur Verfügung, aber dem sozialen Problem der Kindheit muss eine viel größere Bedeutung beigemessen werden, denn das Kind stellt keinen materiellen Gegenstand her, sondern schafft die Menschheit selbst: nicht eine Rasse, eine Kaste oder eine soziale Gruppe, sondern die gesamte Menschheit. Dieser Tatsache zufolge muss die Gesellschaft dem Kinde Rechnung tragen und seine Rechte anerkennen, indem sie für seine Bedürfnisse aufkommt. Machen wir das Leben selbst zum Gegenstand unserer Aufmerksamkeit und unseres Studiums, werden wir dem Geheimnis des Menschseins näherkommen und die Macht in unseren Händen haben, die Menschheit zu lenken und ihr zu helfen. Auch wir predigen – in Hinsicht auf die Erziehung – eine Revolution, da durch sie alles, wie wir es heute kennen, geändert werden kann. Ich halte dies für die letzte Revolution: eine gewaltlose, eine unblutige Revolution, die im Gegenteil jede geringste Gewalt ausschließt, da schon eine Spur von Gewalt die Psyche des Kindes zu Tode verletzen würde.

Der Aufbau der menschlichen Normalität muss verteidigt werden: Waren wir nicht stets bemüht, der Entwicklung des Kindes alle Hindernisse aus dem Weg zu räumen und alle Gefahren und Missverständnisse, die es umgeben, zu beseitigen?

Diese Art der Erziehung soll eine Lebenshilfe sein; eine Erziehung, die bei der Geburt beginnt, die einer Revolution, frei von jeder Gewalt, den Weg bereitet und die alle in einem gemeinsamen Endziel vereint und sie zu einem einzigen Mittelpunkt zieht. Mütter, Väter und Staatsmänner, alle werden sich darüber einig sein, dieses zarte Bauwerk zu respektieren und zu unterstützen, das unter der Leitung eines inneren Lehrmeisters unter psychisch geheimnisvollen Bedingungen errichtet wurde. Dies ist eine neue, leuchtende Hoffnung für die Menschheit. Nicht ein Wiederaufbau, sondern eine Hilfe zum Aufbau, den zu vollenden die menschliche Seele berufen ist, ein Aufbau, der die Entwicklung all der ungeheuren Möglichkeiten des Menschenkindes bedeutet.

Quelle: Maria Montessori, Das kreative Kind. © Verlag Herder GmbH, Freiburg im Breisgau, 17. Aufl. 2011, 13ff

Die Lehrerin

Die Lehrerin, die sich auf diese besondere Erziehung vorbereiten will, muss sich also vor allem über den Gedanken im klaren sein, dass es sich nicht darum handelt, dem Kind durch Gegenstände Kenntnisse von der Beschaffenheit der Dinge zu vermitteln – wie Maße, Form, Farbe. Es wird auch nicht der Zweck verfolgt, die Kinder so weit zu bringen, dass sie das ihnen vorgelegte Material benutzen, ohne Fehler zu machen und so die Übung gut ausführen. Dies würde unser Material allem anderen gleichstellen – zum Beispiel dem Fröbelschen – und ständig das aktive Wirken der Lehrerin durch Vermitteln von Kenntnissen und prompte Korrektur aller Fehler erfordern, bis das Kind begriffen hat. Schließlich ist das Material kein neuartiges Hilfsmittel, das der alten aktiven Lehrerin in die Hand gegeben wird, um ihr bei ihrer Aufgabe als Lehrkraft behilflich zu sein.

Hier handelt es sich um eine radikale Verschiebung der Aktivität, die vorher bei der Lehrerin lag und nunmehr in unserer Methode überwiegend dem Kind überlassen bleibt.

Das Erziehungswerk verteilt sich auf Lehrerin und Umgebung. Die frühere „Lehrende“ wird durch ein sehr viel komplexeres Ganzes ersetzt, das heißt, gleichzeitig mit der Lehrerin wirken zahlreiche Gegenstände (das Entwicklungsmaterial) bei der Erziehung des Kindes mit. Der tiefgreifende Unterschied zwischen dieser Methode und dem sogenannten „objektiven Unterricht“ der alten Methoden besteht darin, dass die „Gegenstände“ keine Hilfe für die Lehrerin sind, die erklären muss, es sind also keine „Lehrmittel“.

Sie sind hingegen eine Hilfe für das Kind, das sie auswählt, sie sich nimmt, sie benutzt, und zwar entsprechend seinen Neigungen und Bedürfnissen, je nach dem Impuls seines Interesses. So werden die Dinge zum „Entwicklungsmaterial“.

Die Gegenstände sind die Hauptsache, nicht der Unterricht der Lehrerin; da das Kind sie benutzt, ist es selbst das aktive Wesen und nicht die Lehrerin. Die Lehrerin hat jedoch zahlreiche, nicht leichte Aufgaben: Ihre Mitarbeit ist keineswegs ausgeschaltet, doch sie wird vorsichtig, feinfühlig und vielfältig. Ihre Worte, ihre Energie, ihre Strenge sind nicht erforderlich, doch es bedarf einer Weisheit, die, dem einzelnen Fall oder den Bedürfnissen entsprechend, umsichtig ist bei der Beobachtung, beim Dienen, beim Herbeieilen oder beim Sichzurückziehen, beim Sprechen oder Schweigen.

Sie muss eine sittliche Gewandtheit erwerben, die ihr bisher keine andere Methode abverlangt hat und die aus Ruhe, Geduld, Barmherzigkeit und Demut besteht. Tugenden und nicht Worte sind ihre höchste Vorbereitung.

Wollen wir ihre Hauptaufgabe in der Schulpraxis zusammenfassen, so können wir sie wie folgt umreißen: Die Lehrerin soll den Gebrauch des Materials erklären. Sie dient hauptsächlich als Mittler zwischen dem Material (den Gegenständen) und den Kindern. Das ist eine einfache, bescheidene und doch sehr viel diffizilere Aufgabe als in der alten Schule, wo das Material ein einfacher Anknüpfungspunk für die verstandesmäßige Verbindung zwischen der Lehrerin, die ihre Gedanken übermittelt, und dem Kind, das sie empfangen soll, bildete.

Hier tut die Lehrerin nichts anderes, als dem Kind die ihm zugedachte ständige äußerst aktive Arbeit zu erleichtern und klarzumachen: „Dinge aussuchen“ und „sich mit ihnen üben“. Das ist ähnlich wie in einem Turnsaal, wo Lehrer und Geräte erforderlich sind. Der Lehrer zeigt, wie man Barren und Wippen gebraucht, wie man Gewichte handhabt usw., und die Schüler gehen mit diesen Dingen um und „entwickeln“ dabei Kräfte, Geschicklichkeit und was sich sonst noch entwickeln lässt, wenn die Muskelenergie mit verschiedenen Mitteln in Verbindung gebracht wird, die die Turnhalle zum Üben bietet.

Dieser Turnlehrer redet nicht, er zeigt. Und genauso wie es ihm mit Worten nicht gelingen würde, auch nur einen einzigen seiner Schüler kräftig zu machen, so versagte die alte Schule restlos bei der Stärkung der Individualität und des Charakters der Kinder. In unseren Schulen jedoch, in denen sich die Lehrerin darauf beschränkt, anzuzeigen und zu lenken, einen Turnsaal für geistige Übungen zur Verfügung zu stellen, kräftigen sich die Kinder, werden zu einer Persönlichkeit mit starkem Charakter, tiefer Disziplin und erwerben eine innere Gesundheit, die eben das glänzende Ergebnis der Befreiung des Geistes ist.

Die Lehrerin muss ein zweifaches Studium betreiben, denn sie muss die sie erwartende Arbeit und die dem „Material“, also den „Entwicklungsmitteln“ vorbehaltene Aufgabe gut kennen. Es ist schwierig, eine solche Lehrerin theoretisch vorzubereiten, die „sich selbst erziehen“ soll, die lernen soll zu beobachten, ruhig, geduldig und demütig zu sein, ihre eigenen Impulse zurückzuhalten, und die eine höchst praktische Aufgabe bei ihrer delikaten Mission zu erfüllen hat. Sie selbst braucht eher einen Turnsaal für ihre Seele als ein Buch für ihren Verstand.

Die „aktive Aufgabe“, welche die Lehrerin als ein Wesen angeht, das das Kind in Beziehung zu seinem Gegenstand setzt, ist jedoch klar und lässt sich leicht erlernen. Sie muss verstehen, den geeigneten Gegenstand auszuwählen und ihn so anzubieten, dass er beim Kind auf Verständnis stößt und in ihm ein tiefes Interesse weckt.

Die Lehrerin muss deshalb das Material sehr gut kennen – und ständig gegenwärtig haben – sowie exakt die ebenfalls experimentell bestimmte Technik erlernen, das Material vorzuführen und das Kind so zu behandeln, dass es wirkungsvoll gelenkt wird. Die Schulung der Lehrerin ist ganz besonders auf dies alles ausgerichtet. Sie kann theoretisch einige allgemeine Grundsätze lernen, die bei der Orientierung in der Praxis sehr nützlich sind, doch sie wird sich nur durch Erfahrung die delikaten Methoden aneignen, die bei der Behandlung verschiedenartiger Individuen voneinander abweichen, damit weiter fortgeschrittene Kinder nicht bei Material aufgehalten werden, das für ihre individuellen Fähigkeiten zu einfach ist und ihnen Überdruss verursacht. Andererseits soll sie keine Gegenstände anbieten, welche die Kinder noch nicht würdigen können, was ihre erste kindliche Begeisterung ersticken würde.

Quelle: Maria Montessori, Die Entdeckung des Kindes. Gesammelte Werke Band 1. © Verlag Herder GmbH, Freiburg im Breisgau, 20. Gesamtauflage 2010

Übersicht über die von Maria Montessori beobachteten sensiblen Perioden

Zeit, Gesamtcharakteristik	Inhalte (Sensibilitäten)
1. Phase 0–6 Jahre: Formativ-schöpferisch-konstruktiv, labil, Bildung der Basis der Persönlichkeit und der Intelligenz	
1.1 Unterphase 0–3 Jahre: Tätigkeit der unbewussten Intelligenz = absorbierender Geist, Entwicklung schöpferischer Energien bzw. Potentiale durch Erfahrungen in der Umwelt	1. Bewegung Hand-Gleichgewicht-Laufen 2. Ordnung Handlungsaufforderung, Orientierungsfunktion *Äußere Ordnung:* Anreiz zum Handeln *Innere Ordnung:* Erkennen von Beziehungen 3. Sprache Zusammenhang mit Bewegung und Gehör
1.2 Unterphase 3–6 Jahre: Analyse der absorbierten Umwelteindrücke, Entwicklung vom unbewussten Schöpfer zum bewussten Arbeiter, Realisierung und Perfektionierung der bisherigen Erwerbungen	1. Entwicklung des Bewusstseins 2. Analyse und Vervollkommnung sowie Anreicherung der bisher absorbierten Errungenschaften 3. Soziale Integration durch Kohäsionsbildung
2. Phase 7–12 Jahre: Stabil, Dominanz moralischer Sensibilitäten im Zusammenhang mit sozialen; Beurteilung eigener und fremder Handlungen nach Gut und Böse, Problemempfindlichkeit für Gerechtigkeit, Konkretheit moralischen und sozialen Handelns	1. Bedürfnis nach Erweiterung des Aktionsradius geistig – sozial – regional – kulturell 2. Übergang des kindlichen Geistes zur Abstraktion Sensibilität für Vorstellungen („Keim der Wissenschaften" entwickelt sich)

Zeit, Gesamtcharakteristik	Inhalte (Sensibilitäten)
	3. Entstehung moralischen Bewusstseins in Verbindung mit dem Sozialen, innere Sensibilität des Gewissens, Sensibilität für Gerechtigkeit, Organisation kindlicher Gesellschaft, freiwillige Gefolgschaft und Regelverhalten, Gehorsam
3. **Phase 12–18 Jahre:** Labil, Dominanz sozialer Sensibilitäten verbunden mit dem Bedürfnis, Selbstständigkeit im sozialen Beziehungsgefüge zu entwickeln; gekennzeichnet durch den Zustand der Erwartung und Bevorzugung schöpferischer Aktivitäten (Arbeiten) (Holtstiege 1999a, 41–42)	1. Bedürfnis nach Schutz und Geborgenheit angesichts physiologischer Vorgänge 2. Bedürfnis nach Selbstständigkeit, Würde und Achtung der Person 3. Bedürfnis, Rolle in der Gesellschaft zu begreifen und zu ergreifen

Quelle: Montessori-Pädagogik in der Diskussion, Hg. von Harald Ludwig

Montessori-Materialien im Überblick

- **Material (Kinderhaus)**

Übungen des praktischen Lebens
Wassergießen
Übungen des Faltens
Händewaschen
Rahmen mit Verschlüssen
Metallputzen
Schnittblumenpflege

Übungen des sozialen Lebens
Formen des Grüßens

Besondere Übungen zu Bewegung und Stille
Gehen auf der Linie
Übungen der Stille

Sinnesmaterial
Material zur Unterscheidung von Dimensionen
Rosa Turm
Braune Treppe
Rote Stangen
Einsatzzylinder
Farbige Zylinder

Material zur Unterscheidung von Farben
Farbtäfelchen

Material zur Unterscheidung von Formen
Geometrische Kommode
Biologische Kommode
Konstruktive Dreiecke
Geometrische Körper

Material zur Unterscheidung von Oberflächen- und Materialstrukturen
Tastbretter (rauh – glatt)
Tasttäfelchen (grob – fein)
Kasten mit Stoffen

Material zur Unterscheidung von Gewichten
Gewichtsbrettchen

Material zur Unterscheidung von Geräuschen und Tönen
Geräuschdosen
Glocken

Material zur Unterscheidung von Gerüchen
Geruchsdosen

Material zur Unterscheidung von Geschmacksqualitäten
Geschmacksgläser

Material zur Unterscheidung von Wärmequalitäten
Wärmekrüge

Mathematikmaterial
Zahlbereich von 1 bis 10
Numerische Stangen
Erwerb der Zahlbegriffe von 1 bis 10

Sandpapierziffern
Einführen der Ziffern 0 bis 9

Numerische Stangen und Ziffernbrettchen
Zuordnen der Zahlzeichen
Spindeln
Zahldarstellung aus einzelnen Einheiten
Einführung der Null

Ziffern und Chips
Bilden der Zahlenfolge von 1 bis 10
Gerade und ungerade Zahlen

Einführung in das Dezimalsystem
Goldenes Perlenmaterial
Benennen der Stellenwerte
Einführung in die dezimale Beziehung zwischen den Stellenwerten
Aufbau der Stellenwerte
Auslegen der Stellenwerte

Kartensatz
Einführen der Zahlsymbole
Darstellen und Zählen der Zehner
Zuordnen der Zehnerzahlen
Goldenes Perlenmaterial und Kartensätze
Zuordnen von Perlenmenge und Zahlsymbol
Wechselspiel: Umtauschen
Aufbrechen von Perlenmengen

Lineares Zählen
Farbige Perlentreppchen
Zählen an Perlenstäbchen
Farbige Perlentreppe und Seguin-Tafel 1
Darstellen der Zahlen 11 bis 19 durch Perlenmengen
Einführen der Zahlsymbole 11 bis 19
Zuordnen von Perlenmenge und Zahlsymbol
Seguin-Tafel 2
Perlenmengen und Zahlsymbole von 11 bis 99
Kurze Perlenketten
Gleichwertigkeit von Kette und Quadrat
Zählen und Zuordnen der Zahlenpfeile
Ordnen und Anordnen
Legen geometrischer Figuren
Hunderterkette
Vergleich der linearen mit der geometrischen Darstellung
Zählen und Zuordnen der Zahlenpfeile
Tausenderkette
Handhaben der Kette
Messen mit der Hunderterkette
Gleichwertigkeit von Kette und Kubus
Zählen und Zuordnen der Zahlenpfeile

Sprachmaterial
Metallene Einsatzfiguren
Sandpapierbuchstaben
Bewegliches Alphabet
Erstes Lesen

- **Material: Sprache (Kinderhaus und Grundschule)**

Metallene Einsatzfiguren
Sandpapierbuchstaben
Bewegliches Alphabet
Schreiben
Erstes Lesen: das Lesespiel mit Gegenständen
Phonogramme
Materialvorschläge für den individuellen Leselernprozess (Grundschule) Leseübungen, die Begriffsbildungen ermöglichen
Einführung in die Funktion der Wortarten
Substantiv
Artikel
Bestimmter und unbestimmter Artikel
Adjektiv
Numerale
Konjunktion und Präposition
Verb
Adverb
Auftragskästen und Sprachkästen
Analyse des Lesens – Satzanalyse
Sprachspiele mit einer Gruppe von Kindern

Jagen nach dem Prädikat
Sterntabelle
Die erste Arbeit mit Pfeilen und Kreisen
Der kleine Satzzerlegungskasten und die Tabelle
Die drei Satzzerlegungskästen

- **Material: Mathematik (Kinderhaus und Grundschule)**

Operationen im Dezimalsystem
Goldenes Perlenmaterial
Addieren von Perlenmengen
- Einführung der Addition
- Addition vierstelliger Summanden ohne Umtauschen
- Addition vierstelliger Summanden mit Umtauschen

Multiplizieren von Perlenmengen
- Einführung der Multiplikation

Multiplizieren als Addieren gleichmäßiger Perlenmengen
Subtrahieren von Perlenmengen
- Einführung der Subtraktion
- Subtrahieren ohne Umtauschen
- Subtrahieren mit Umtauschen

Dividieren von Perlenmengen
- Einführung der Division
- Dividieren ohne Umtauschen
- Dividieren mit Umtauschen
- Dividieren mit Rest
- Dividieren durch zwei- und dreistelligen Divisor

Markenspiel
Bekanntmachen mit dem Material
- Zahlen darstellen

Addieren dezimalwertiger Plättchenmengen
- Addieren mit Überschreiten

Multiplikation mit einstelligem Multiplikator
Subtrahieren
- Subtraktion mit Umtauschen

Dividieren
- Division durch einstelligen Divisor
- Division durch mehrstelligen Divisor
- Division durch Divisor mit Nullstelle

Punktspiel (Grundschule)
Addieren von Punktmengen
- Addieren mehrerer mehrstelliger Summanden

Kleiner Rechenrahmen
Einführung
- Bekanntmachen mit dem Material
- Zählen
- Aufschreiben der Zahlen
- Einsetzen der Null

Darstellen und Bezeichnen von Zahlen
- Bilden und Bezeichnen von Zahlen ohne Nullstelle
- Bilden und Bezeichnen von Zahlen mit Nullstelle
- Darstellen vorgegebener Zahlen
- Üben des Umtauschens

Addieren von dezimalwertigen Perlenmengen
- Addieren ohne Überschreiten
- Addieren mit Überschreiten
- Addieren nach Stellenwerten

Subtrahieren von dezimalwertigen Perlenmengen
- Subtrahieren ohne Unterschreiten
- Subtrahieren mit Unterschreiten

Hierarchie der Zahlen
Einführen der Stufenzahlen von 10.000 bis 1.000.000
- Darstellen der Mengen 1 bis 1.000.000
- Dezimale Beziehung zwischen den Stellenwerten

- Ordnen der Körper
- Kennenlernen der Zahlsymbole
- Zuordnen von Zahlendarstellung und Symbol

Großer Rechenrahmen
Einführung
- Bekanntmachen der Einheiten
- Zählen
- Aufschreiben der Zahlen
- Einsetzen der Nullen

Darstellen und Bezeichnen von Zahlen
- Bilden und Bezeichnen von Zahlen ohne Nullstelle
- Bilden und Bezeichnen von Zahlen mit Nullstelle
- Darstellen vorgegebener Zahlen
- Üben des Umtauschens

Addieren
- Addieren mit Überschreitung
- Addieren nach Stellenwerten

Subtrahieren
- Subtrahieren mit Unterschreiten

Multiplizieren
- Multiplikation von Stufenzahlen
- Multiplikation mit einstelligem Multiplikator

Großes Multiplikationsbrett (Schachbrett)
Bekanntmachen mit dem Material
- Erklären der dezimalwertigen Felder

Bilden, Benennen und Darstellen von Zahlen
Multiplizieren mit einstelligem Multiplikator
- Multiplizieren – Phase 1
- Multiplizieren – Phase 2
- Multiplizieren – Phase 3

Multiplizieren mit mehrstelligem Multiplikator
- Multiplikation mit Zehnerzahlen
- Multiplizieren mit beliebigem Multiplikator

Hinführen zur schriftlichen Multiplikation
- Notieren der Rechenschritte

Liegender Rechenrahmen
Multiplizieren mit mehrstelligem Multiplikator
- Multiplizieren mit dreistelligem Multiplikator
- Hinführen zur schriftlichen Multiplikation

Bankspiel
Multiplikation mit einstelligem Multiplikator
Multiplikation mir mehrstelligem Multiplikator
- Ansammeln der Produkte
- Laufendes Addieren der Zwischenprodukte
- Hinführen zur schriftlichen Multiplikation

Große Division
Bekanntmachen mit dem Material
- Aufstellen des Materials
- Darstellen und Benennen von Zahlen

Division durch einstelligen Divisor
- Division ohne Rest
- Quotient mit Nullstelle

Division durch mehrstelligen Divisor
- Division durch zweistelligen Divisor
- Division durch drei- und vierstelligen Divisor

Hinführen zum schriftlichen Dividieren
- Division durch einstelligen Divisor
- Division durch mehrstelligen Divisor

Grundaufgaben der Addition, Subtraktion, Multiplikation und Division

Schlangenspiel zur Addition
Vorbereitung der Addition
Zählendes Addieren
- Zehnerbündelungen
- Zählen
- Fehlerkontrolle: Ergänzen zu 10
- Addieren von Einern

Streifenbrett zur Addition
Grundaufgaben der Addition mit den Summanden 1 bis 9
- Bilden von Additionsaufgaben
- Bilden von Additionsreihen
- Lösen von Einzelaufgaben

Analyse der Grundaufgaben der Addition
- Additionen mit gleichem Ergebnis
- Vertauschen der Summanden
- Addieren der Null
- Zerlegen von Summen
- Addieren von gleichen Summanden

Additionstabellen
Additionsübung mit den Summanden 1 bis 9
- Einüben der Grundaufgaben (Tabelle I)
- Einüben der Tauschaufgaben (Tabelle II)
- Vertiefen der Grundaufgaben (Tabelle III)
- Errechnen der Grundaufgaben (Tabelle IV)
- Gleiche Summe, verschiedene Summanden

Schlangenspiel zur Subtraktion
Negatives Schlangenspiel
Subtrahieren im Bereich der natürlichen Zahlen
- Schlangenspiel zur Subtraktion
- Subtrahieren durch Rückwärtszählen
- Hervorheben der Subtraktionen
- Einprägen von Additionen und Subtraktionen

Subtrahieren im Bereich der ganzen Zahlen
- Negatives Schlangenspiel
- Subtraktionen bis minus 9
- Subtraktionen bis unter minus 10

Streifenbrett zur Subtraktion
Grundaufgaben der Subtraktion
- Bilden von Subtraktionsaufgaben
- Subtraktionsreihen – Lösen von Einzelaufgaben

Analyse der Grundaufgaben der Subtraktion
- Subtraktionen mit gleichem Minuenden
- Subtraktion der Null

Subtraktionstabellen
Subtraktionsübungen mit einstelligem Subtrahenden
- Einüben der Grundaufgaben (Tabelle I)
- Errechnen der Grundaufgaben (Tabelle II)
- Vertiefen der Grundaufgaben

Perlenstäbchen zur Multiplikation
Einmaleinsdarstellung mit Perlenstäbchen
- Geometrische und dekadische Darstellung

Analyse der Multiplikation
- Multiplizieren mit 10
- Vergleichen gleicher Produkte
- Auslegen aller Kombinationen
- Vergleich mehrerer Einmaleinsreihen

Addieren von gleichnamigen Brüchen
- Bilden von Additionsreihen
- Rechnen vorgegebener Additionsaufgaben

Subtrahieren von gleichnamigen Brüchen
- Ein Ganzes minus Bruch
- Echter Bruch minus echtem Bruch
- Bilden von Subtraktionsreihen
- Rechnen vorgegebener Subtraktionsaufgaben

Multiplizieren von echten Brüchen mit ganzen Zahlen
- Bilden von Multiplikationsreihen
- Rechnen vorgegebener Multiplikationsaufgaben

Dividieren
- Ein Ganzes durch eine ganze Zahl
- Echter Bruch durch eine ganze Zahl ohne Umtauschen
- Echter Bruch durch eine ganze Zahl mit Umtauschen

Material zum Rechnen mit unechten Brüchen und gemischten Zahlen

Echter Bruch, unechter Bruch, gemischte Zahl
- Darstellen verschiedener Brüche Einführung der Begriffe
- Umwandeln von unechten Brüchen und gemischten Zahlen

Addieren von ungleichnamigen Brüchen
- Umtauschen eines Summanden
- Umtauschen mehrerer Summanden
- Rechnen vorgegebener Aufgaben
- Summe als gemischte Zahl
- Addieren gemischter Zahlen
- Addieren ohne Bruchrechenkreise

Subtrahieren von ungleichnamigen Brüchen
- Umtauschen des Minuenden
- Umtauschen des Minuenden und Umwandeln des Subtrahenden
- Subtrahieren gemischter Zahlen

Multiplizieren mit Brüchen
- Bruch mal ganze Zahl
- Bruch mal Bruch
- Bruch mal gemischte Zahl
- Dividieren durch Brüche
- Ganze Zahl durch Bruch
- Bruch durch Bruch
- Gemischte Zahl durch Bruch

Ableiten der Regeln
- Addieren und Subtrahieren gleichnamiger Brüche
- Erweitern und Kürzen von Brüchen
- Addieren und Subtrahieren ungleichnamiger Brüche
- Multiplizieren von Brüchen
  Ganze Zahl mal Bruch (Multiplikation im Zähler)
  Ganze Zahl mal Bruch (Division im Nenner)
  Bruch mal Bruch
- Dividieren von Brüchen
  Bruch durch ganze Zahl
  Ganze Zahl durch Bruch
  Bruch durch Bruch

(Montessori-Vereinigung e. V., Sitz Aachen 1997; Zusammenstellung aus den Inhaltsverzeichnissen der Handbücher für Lehrgangsteilnehmer, Teil I Kinderhaus, Teil II Sprache, Teil III Mathematik)

Hinweise zur Einführung Freier Arbeit

Freie Arbeit bedarf der äußeren Strukturierung. Ein häufig verwendetes Medium sind Arbeitspläne. Zunächst können die Arbeitsaufträge auf einem Tagesplan (siehe Seite 155–156), dann weiterführend auf Wochenplänen (siehe Seite 157–158) festgehalten werden. Wichtiger Bestandteil des Tagesablaufes ist der Morgenkreis. Hier werden die Tages- und Wochenpläne festgelegt und besprochen. Auf dem Tagesplan werden links Datum und Aufgaben eingetragen und rechts die Fertigstellung vermerkt. Unterschieden werden kann hierbei zwischen Pflicht- und Wahlaufgaben. Im weiteren Verlauf der Arbeit kann mit Wochenplänen eine größere Zeiteinheit geplant werden. Die erste linke Spalte gilt für die Benennung von Pflicht- oder Wahlaufgabe. In der zweiten Spalte wird die Erledigung vermerkt. Das rechte Feld bleibt für die Benennung der Aufgaben vorbehalten. Die Zeitleiste auf dem Kopf des Arbeitsplanes (Wochentage) zeigt an, an welchen Tagen Zeit für die Erledigung der Aufgaben ist.

Zur Freien Arbeit gehört darüber hinaus die Einführung eines weiteren Organisationssystems. Die Kinder lernen, mit einem Ablagesystem umzugehen. Statt Heften werden Ordner verwendet. Ein Problem der Freien Arbeit ist das Ordnunghalten. Fertige Arbeiten wandern so zunächst in ein Ablagekörbchen und gelangen anschließend in einen entsprechenden Ordner. Die Struktur des Klassenraumes ist darauf auszurichten, dass Ordnung kindgerecht erlernt werden kann.

Morgenthau (2003): Was ist offener Unterricht? Wochenplan und freie Arbeit organisieren.

Raeggel u. Sackmann (1997): Freiarbeit mit Geistigbehinderten! Geht das denn überhaupt?

Tagesplan

Tagesplan vom ____________ **Klasse:**

Mein Name: ____________

(nach Morgenthau 2003, 20, modifiziert)

Tagesplan vom ____________________ **Klasse 1c**

Mein Name: Thomas

	1+2= 3+5=	Rechenkarte	*
	ABC def	Buchstaben üben	
		Herbstbild malen	
		Tiere anschauen	

 **= diese Aufgaben solltest Du erledigen**

male ein *, wenn Du die Aufgabe erledigt hast

Wochenplan

Wochenplan ____________ **Name:** ____________ **Klasse:**

Mo	Di	Mi	Do	Fr	Sa

(nach Morgenthau 2003, 20, modifiziert)

Wochenplan **Zeitraum:** **Name: Melanie** **Klasse 2a**

Mo	Di	Mi	Do	Fr	Sa

☝	✓	Rechtschreibkarte
☝		Geschichte über den Winter abschreiben
☝		Rechenspiel Seite 13 spielen
☝		Zahlenschlange schreiben
		Lerne Dein Gedicht auswendig
		Schreibe eine lustige Geschichte für unser Klassenbuch

		Stemple ein Buchstabenbild
		Wir planen gemeinsam die Aufgaben für die nächste Woche

Mache einen ✓, wenn Du die Aufgabe erledigt hast

Adressen

Montessori-Dachverband Deutschland e.V.
Feldbergstr. 2
D-65830 Kriftel
E-Mail: kontakt@montessori-deutschland.de
www.montessori-deutschland.de

Deutsche Montessori-Gesellschaft e.V.
Butterblumenweg 5
D-65201 Wiesbaden
E-Mail: dmg@deutsche-montessori-gesellschaft.de
www.deutsche-montessori-gesellschaft.de

Deutsche Montessori-Vereinigung e.V.
Xantener Str. 99
D-50733 Köln
E-Mail: info@montessori-vereinigung.de
www.montessori-vereinigung.de

Association Montessori Internationale Niederlande
Koninginneweg 161
NL-1075 CN Amsterdam
E-Mail: info@montessori-ami.org
www.montessori-ami.org

Österreichische Montessori-Gesellschaft
Montessori-Zentrum
Hüttelbergstr. 5
A-1140 Wien
E-Mail: omg@montessori.at
www.montessori.at

Italien
Opera Nazionale Montessori
Via di San Gallicano
I-7-000153 Roma
E-Mail: info@montessori.it
www.operanazionalemontessori.it

Kommentierte Bibliografie

Primärliteratur (Auswahl)

Montessori, M. (2011): Das kreative Kind. Der absorbierende Geist. 17. Aufl. Herder, Freiburg/Br.
In diesem Buch wendet Maria Montessori ihren Blick vorwiegend auf die früheste Kindheit. Sie erläutert die Bedeutung dieser Frühphase für den Aufbau von Person und Gesellschaft. Im Zentrum der Betrachtung stehen die anthropologischen Grundbegriffe: Absorbierender Geist, Geistiger Embryo und Sensible Perioden.

Montessori, M. (2010): Die Entdeckung des Kindes. 20. Aufl. Herder, Freiburg/Br. *(wurde erstmalig 1913 in deutscher Sprache unter dem Titel „Selbsttätige Erziehung im frühen Kindesalter" herausgegeben).*
In diesem Werk legt Maria Montessori ihre Konzeption für das „Kinderhaus" dar. Neben der Erziehungskonzeption für das Kleinkindalter werden auch die ersten Unterweisungen in Lesen, Schreiben, Rechnen sowie Aspekte der bildnerischen, musikalischen und religiösen Erziehung erläutert.

Montessori, M. (2008): Schule des Kindes. 10. Aufl. Herder, Freiburg/Br. *(1926 zunächst unter dem Titel „Montessori-Erziehung für Schulkinder" veröffentlicht).*
Maria Montessori beschreibt in diesem Buch Erfahrungen, die auf der Grundlage ihrer Pädagogik in den Montessori-Schulen der verschiedenen Länder gesammelt wurden. Davon ausgehend entwickelt sie eine praxisbezogene Theorie der Erziehung. Im Zentrum ihrer Betrachtung stehen: Der Blick auf das Kind, die Vorbereitung der Lehrerin, die Umgebung und die Intelligenz des Kindes.

Montessori, M. (1979): Von der Kindheit zur Jugend. 3. Aufl. Herder, Freiburg/Br.
Für das Jugendalter entwirft Maria Montessori den von ihr selbst sogenannten „Erdkinderplan". Sie beschreibt eine Lebensform auf dem Land mit dem Ziel der wirtschaftlichen Unabhängigkeit. Zentrale Gedanken sind: Die Erfahrungsschule des sozialen Lebens und der Studien- und Arbeitsplan.

Sekundärliteratur (Auswahl)

Fuchs, B. (2003): Maria Montessori. Ein pädagogisches Portrait. Beltz, Weinheim Basel
Die Einführung erörtert Maria Montessoris Verständnis der pädagogischen Wissenschaft, ihr Konzept der kosmischen Erziehung und ihre Gesellschaftstheorie. Die Autorin stellt sich dem doppelten Anspruch von Darstellung in Kritik. Auf diese Weise ergeben sich neue und kritische Deutungen der Montessori-Pädagogik. Angefügt werden eine Zeittafel und ein ausführliches Verzeichnis der aktuellen Sekundärliteratur.

Hebenstreit, S. (1999): Maria Montessori. Eine Einführung in ihr Leben und Werk. Herder, Freiburg/Br.
Der Autor liefert eine differenzierte Biografie über Maria Montessori. Darüber hinaus vermittelt dieses Buch Grundgedanken ihrer Erziehungskonzeption. Hebenstreit zeigt in leicht verständlicher Sprache eine Fülle interessanter biographischer Details. Es wird das Bild einer faszinierenden Persönlichkeit gezeichnet.

Holtstiege, H. (1997): Freigabe zum Freiwerden: Interpretationen zur Montessori-Pädagogik. Herder, Freiburg/Br.
Hildegard Holtstiege gilt als bekannte Montessori-Spezialistin. Sie liefert eine ausführliche und detaillierte Analyse des Gesamtwerkes von Maria Montessori. Im Detail werden behandelt: Anthropologie und Kindheit, Erziehungskonzeption, Freie Arbeit, Leitvorstellungen der Erziehung, der Sekundarbereich, soziale Erziehung, Schweige-Lektion und Stille-Übung. Das Buch ist eine Synopse eines ausführlichen Quellenstudiums.

Ludwig, H. (Hrsg.) (1999): Montessori-Pädagogik in der Diskussion. Aktuelle Forschungen und internationale Entwicklungen. Herder, Freiburg/Br.
Mit diesem Band gibt der Herausgeber einen aktuellen Überblick über den Stand der Montessori-Pädagogik. Es werden sowohl aktuelle Forschungsarbeiten als auch internationale Entwicklungen thematisiert. Folgende AutorInnen sind vertreten: H. Ludwig, H. Holtstiege, R. Fischer, G. Schulz-Benesch, B. Sliewerki, M. Miksza, K. Rydl, F. Hammerer, F. Kelpin und P. Gebhardt-Seele.

Harth-Peter, W. (1997): „Kinder sind anders". Maria Montessoris Bild vom Kinde auf dem Prüfstand. Ergon, Würzburg.
Das Buch dokumentiert den Montessori-Kongress, der 1995 an der Humboldt-Universität Berlin und im Filmmuseum Potsdam durchgeführt wurde. Hier stand Maria Montessoris Bild vom Kinde auf dem Prüfstand. Entstanden ist als

Sammelband ein reichhaltiger Fundus an kritischen Beiträgen zur Montessori-Pädagogik. Ihre Pädagogik wird betrachtet im Spiegel der Neurowissenschaft, der Entwicklungspsychologie, der Erziehungswissenschaft und der Schulpraxis. Folgende AutorInnen sind vertreten: W. Harth-Peter, D. Rüdiger, G. Bittner, V. Fröhlich, A. Köpcke-Duttler, L. Pickenhain, R. Oerter, M. Heitger, J. Lompscher, S. Heine, J. Oelkers, A. Knauf, S. Gunkel, A. Holtz und M. Schieder.

Reich, K. (2005): Systemisch-konstruktivistische Pädagogik. Einführung in die Grundlagen einer interaktionistisch-konstruktivistischen Pädagogik. 5. Aufl. Luchterhand, Neuwied.
Systemische und konstruktivistische Ansätze haben in den letzten Jahren in Pädagogik und Sonderpädagogik weite Verbreitung erfahren. In diesem Buch werden sie in grundsätzlicher Art entwickelt und mit zahlreichen Beispielen illustriert. Im Detail werden behandelt: Konstruktionen von Wirklichkeit, systemische Beobachtungsmöglichkeiten, Beziehungen, neue Muster pädagogischen Denkens, strukturelle Beschränkungen der Beobachter, systemisch-konstruktivistische Didaktik.

Steenberg, U. (Hrsg.) (2007): Handlexikon zur Montessori-Pädagogik. 6. Aufl., Kinders, Ulm.
Das *Lexikon bietet anhand von 38 Stichwörtern zur Montessori-Pädagogik ein Nachschlagewerk zur ersten Information und Orientierung. Folgende Stichwörter werden behandelt: Altersmischung, Anthropologie, Bewegung, Diplom-Lehrgang, Disziplin, Embryo, Erdkinderplan, Erzieher, Erziehung (religiös, sittlich, sozial), Fehler, Freiheit, Friede, Geist (absorbierender, mathematischer), Clara Grunwald, Helene Helmig, Integration, Kind, Kosmos, Marchtaler Plan, Montessori-Heilpädagogik, Kinderhaus, Normalisierung, Person, Polarisation der Aufmerksamkeit, Projektarbeit, Sensible Phasen, Sinnesmaterial, Sprache, Stille, Beobachtung, Unterricht, Vereine, Vorbereitete Umgebung.*

Maturana, H., Varela, F. (1987): Der Baum der Erkenntnis. Die biologischen Wurzeln menschlichen Erkennens. Goldmann, Bern
Dieses Buch zählt zu den Werken, die zu Beginn des 21. Jahrhunderts in Publikationen der Pädagogik und der Heil- und Sonderpädagogik häufig zitiert werden. Dargelegt wird ein alternativer Ansatz zum Verständnis der biologischen Wurzeln der menschlichen Erkenntnis. Das Erkennen wird nicht als Repräsentation der äußeren Welt begriffen, sondern als ein „andauerndes Hervorbringen einer Welt durch den Prozess des Lebens selbst" definiert. Die anspruchsvolle Lektüre wird durch zahlreiche Illustrationen, eine Marginalienspalte mit zentralen Begrifflichkeiten und ein Glossar erleichtert.

Literatur

Anderlik, L. (1996): Ein Weg für alle! Leben mit Montessori. Montessori-Therapie und -Heilpädagogik in der Praxis. Modernes Lernen, Dortmund

Bastian, J.; Gudjons, H. (Hrsg.) (1990): Das Projektbuch II. Über die Projektwoche hinaus. Projektlernen im Fachunterricht. Bergmann und Helbig, Hamburg

Becker-Textor, I. (1999): Wie lernen Freude macht. Kreativ mit Montessori-Materialien umgehen. Herder, Freiburg/Br.

Bergs-Winkels, D. (2007): Individuelle Förderung im Elementarbereich. In: Fröhlich-Gildhoff et al., 102–111

Biewer, G. (1992): Montessori-Pädagogik mit geistigbehinderten Schülern. Klinkhardt, Bad Heilbrunn

– (1996): Reformpädagogische Entwürfe zur Integration behinderter Kinder in die allgemeine Schule. Zeitschrift für Heilpädagogik 47, 96–101

Böhm, W. (1991): Maria Montessori. Hintergrund und Prinzipien ihres pädagogischen Denkens. 2. Aufl. Klinkhardt, Bad Heilbrunn

–; Fuchs, B. (2004): Erziehen nach Montessori. Klinkhardt, Bad Heilbrunn

–; Oelkers, J. (Hrsg.) (1999): Reformpädagogik kontrovers. 2. Aufl. Ergon, Würzburg

Csikszentmihalyi, M. (1991): Das „Flow“-Erlebnis – jenseits von Angst und Langeweile: Im Tun aufgehen. 3. Aufl. Klett-Cotta, Stuttgart

– (1992): Flow – Die sieben Elemente des Glücks. Psychologie heute 21, 20–29

Dick, L. van (1991): Freie Arbeit, Offener Unterricht, Projektunterricht, Handelnder Unterricht, Praktisches Lernen. Versuch einer Synopse. Pädagogik 33, 31–34

Dietrich, I. (1993): Célestin Freinet und die nach ihm benannten Schulen. In Winkel, R. 1993, 51–69

Eisenbrand, M. (1986): Die soziale Dimension im Erziehungswerk Montessoris. Darstellung und Reflexion der aktuellen Geltung, aufgezeigt am Beispiel phänomenologischer Beobachtungen im Elementarbereich. Diss. TH Aachen (unveröffentlicht)

Esser, B.; Wilde, C. (1996): Montessori-Schulen. Grundlagen und pädagogische Praxis. Rowohlt, Reinbek

Fink, A. (1998): Praxis der konduktiven Förderung nach A. Petö. Ernst Reinhardt, München Basel

Fischer, R. (1982): Lernen im non-direktiven Unterricht. Eine Felduntersuchung am Beispiel der Montessori-Pädagogik. Fischer, Frankfurt/M.
– (1999a): Empirische Ergebnisse der Montessori-Pädagogik. In Ludwig, H. 1999a, 173–218
– (1999b): Die Polarisation der Aufmerksamkeit und das „Flow-Phänomen“. Das Konzentrationsphänomen bei Montessori und Csikszentmihalyi. In Ludwig, H. 1999a, 65–86
Fähmel, I. (1981): Zur Struktur schulischen Unterrichts nach Maria Montessori. Fischer, Frankfurt/M.
Fröhlich-Gildhoff, K., Nentwig-Gesemann, I., Schnadt, P. (Hrsg.) (2007): Neue Wege gehen – Entwicklungsfelder der Frühpädagogik, Ernst Reinhardt, München Basel
Fuchs, B. (2003): Maria Montessori. Ein pädagogisches Portrait. Beltz, Weinheim Basel
– (2004): Die Grundlagen der religiösen Erziehung bei Maria Montessori. In: Böhm, W.; Fuchs, B. (2004) 101-114

Gebhardt-Seele, P. (1999): Montessori-Pädagogik in den USA. In Ludwig, H. 1999a, 344–362
Gierse, J. (1993): Freiarbeit an einer Schule für Geistigbehinderte?! Mitteilungen des Verbandes deutscher Sonderschulen e.V., Landesverband Nordrhein-Westfalen 1, 47–49
Gudjons, H. (1989): Handlungsorientiert lehren und lernen. Projektunterricht und Schüleraktivität. Klinkhardt, Bad Heilbrunn
Günnigmann, M. (1979): Montessori-Pädagogik in Deutschland. Bericht über die Entwicklung nach 1945. Herder, Freiburg/Br.

Hagstedt, H. (1997): Freinet-Pädagogik heute. Beiträge zum internationalen Celestin-Freinet-Symposium in Kassel. Beltz, Weinheim Basel
Hammerer, F. (1999): Entwicklung und aktueller Stand der Montessori-Pädagogik in Österreich. In Ludwig, H. 1999a, 306–325
Harth-Peter, W. (1997): „Kinder sind anders.“ Maria Montessoris Bild vom Kinde auf dem Prüfstand. Ergon, Würzburg
Hebenstreit, S. (1996): Johann Heinrich Pestalozzi. Leben und Schriften. Herder, Freiburg/Br.
– (2006): Maria Montessori. Eine Einführung in ihr Leben und Werk. Herder, Freiburg/Br.
Hedderich, I. (1995): Freie Arbeit mit Geistigbehinderten. Förderschulmagazin 9, 5–7
– (2006): Schulische Förderung bei Körperbehinderung. In Hedderich, I.: Einführung in die Körperbehindertenpädagogik. Ernst Reinhardt, München Basel, 41–68

– (2001): Das Kind verstehen. Montessori-Pädagogik als Impuls für die sonderpädagogische Arbeit. In: Fachverband für Behindertenpädagogik (Hrsg.): Sonderpädagogischer Kongress 2001 Bd. II: Entwicklung fördern – Impulse für Didaktik und Therapie. Würzburg, 175–184
– (2003): Maria Montessori: ein Lebensweg überschreitet Grenzen – eine Pädagogik verbindet Nationen. In: Fachbereichstag Heilpädagogik (Hrsg.): Jahrbuch Heilpädagogik 2003. Das europäische Jahr der Menschen mit Behinderungen. Lambertus, Freiburg/ Br., 61–77
– (2010): Maria Montessori. In: Zierer, K., Saalfrank, W.-T. (Hrsg.): Zeitgemäße Klassiker der Pädagogik. Ferdinand Schöningh, Paderborn

Heitger, M. (1997): Montessori aus der Sicht gegenwärtiger Erziehungswissenschaft. In Harth-Peter, W. 1997, 203–214

Hellbrügge, Th. (1977): Unser Montessori-Modell. Kindler, München
– (1994): Die Vorzüge der Montessori-Pädagogik für die gemeinsame Erziehung behinderter und nichtbehinderter Kinder. In Eberwein, H. (Hrsg.): Behinderte und Nichtbehinderte lernen gemeinsam. Handbuch der Integrationspädagogik. 3. Aufl. Beltz, Weinheim Basel, 237–244

Hellmich, A.; Teigeler, P. (Hrsg.) (1999): Montessori-, Freinet-, Waldorfpädagogik. Konzeption und aktuelle Praxis. 4. Aufl. Beltz, Weinheim Basel

Helming, H. (1998): Montessori-Pädagogik. Ein moderner Bildungsweg in konkreter Darstellung. 17. Aufl. Herder, Freiburg/Br.

Hentig, H. von (1999): Bildung. Ein Essay. Beltz, Weinheim Basel

Holtstiege, H. (1997): Freigabe zum Freiwerden. Interpretationen zur Montessori-Pädagogik. Herder, Freiburg/Br.
– (1998): Anthropologie. In Steenberg, U. 1998, 15–20
– (1999a): Das psycho-biologische Konzept sensibler Phasen und Montessoris Theorieansatz. In Ludwig (1999a), 30–42
– (1999b): Grundzüge der Anthropologie Montessoris im Kontext der Anthropologie-Diskussion. In Ludwig, H. 1999a, 21–29

Kautter, H.; Klein, G.; Laupenhaimer, W.; Wiegand, H. S. (1988): Das Kind als Akteur seiner Entwicklung. Edition Schindele, Heidelberg

Kelpin, F. (1999): Montessori-Erziehung in den Niederlanden. In Ludwig, H. 1999a, 326–343

Key, E. (1992): Das Jahrhundert des Kindes. Beltz, Weinheim Basel

Kim, S.-H. (2008): Kreativitätsförderung und Montessori-Pädagogik: Untersuchungen bei Kindern im Vorschulalter. Lit, Berlin Münster

Knauf, T. (2009): Einführung in die Grundschuldidaktik. Lernen, Entwicklungsförderung und Erfahrungswelten in der Primarstufe. 2. Aufl. Kohlhammer, Stuttgart

Kramer, R. (1997): Maria Montessori. Leben und Werk einer großen Frau. Fischer, Frankfurt/M.

Leenders, H. (2001): Der Fall Montessori. Die Geschichte einer reformpädagogischen Erziehungskonzeption im italienischen Faschismus. Klinkhardt, Bad Heilbrunn

Leontjew, A. N. (1964): Probleme der Entwicklung des Psychischen. Volk und Wissen, Berlin

Ludwig, H. (Hrsg.) (1999a): Montessori-Pädagogik in der Diskussion. Aktuelle Forschungen und internationale Entwicklungen. Herder, Freiburg/Br.

– (1999b): Zur Internationalität der Reformpädagogik im 20. Jahrhundert. In Ludwig, H. 1999a, 219–229

– (1999c): Kosmische Erziehung Maria Montessoris und die heutige Öko-Pädagogik. In Ludwig, H. 1999a, 112–144

– (Hrsg.) (2008): Montessori-Schulen und ihre Didaktik. Basiswissen Grundschule Band 15. Schneider Hohengehren, Baltmannsweiler

–, Fischer, R., Klein-Landeck, M. (Hrsg.) (2009): Hundert Jahre Montessori-Kinderhaus. Geschichte und Aktualität eines pädagogischen Konzeptes. Lit, Berlin Münster

Maturana, H.; Varela, F. J. (1987): Der Baum der Erkenntnis. Die biologischen Wurzeln menschlichen Erkennens. Goldmann, Bern

Meisterjahn-Knebel, G. (1995): Montessori-Pädagogik und Bildungsreform im Schulwesen der Sekundarstufe. Fischer, Frankfurt/M.

– (1998): Projektarbeit. In Steenberg, U. 1998, 168–172

– (2003): Montessori-Pädagogik in der weiterführenden Schule. Der „Erdkinderplan“ in der Praxis. Herder, Freiburg/ Br.

Mester, H.; Niebrügge, N.; Thier, K. (1997): Ein Praxisbericht aus einer Montessori-Grundschule (unveröffentlicht)

Miksza, M. (1999): Die Entwicklung der Montessori-Pädagogik in Polen seit 1990. In Ludwig, H. 1999a, 261–270

Milz, I. (1999): Montessori-Pädagogik – neuropsychologisch verstanden und heilpädagogisch praktiziert. Modernes Lernen, Dortmund

Montessori, M. (1910): L’Anthropologia Pedagogica. Mailand

– (1973): Frieden und Erziehung. Herder, Freiburg/Br.

– (1979): Von der Kindheit zur Jugend. Herder, Freiburg/Br.

– (1985): Grundlagen meiner Pädagogik. Quelle und Meyer, Heidelberg

– (1993): Kinder sind anders. 13. Aufl. Klett-Cotta, Stuttgart

– (1995): Gott und das Kind. Kleine Schriften Maria Montessoris, Bd. 4. Herder, Freiburg/Br.

– (1996a): Kosmische Erziehung. Kleine Schriften Maria Montessoris, Bd. 1. Herder, Freiburg/Br.

– (1996b): Schule des Kindes. 6. Aufl. Herder, Freiburg/Br.

– (1998): Die Entdeckung des Kindes. 14. Aufl. Herder, Freiburg/Br.

– (2000): Das kreative Kind. Der absorbierende Geist. 14. Aufl. Herder, Freiburg/Br.

Montessori-Vereinigung e.V. (Hrsg.) (1997): Montessori-Material, Teile I–III. 3. Aufl. Nienhuis, Zelhem, Niederlande

Morgenthau, L. (2002): Was ist offener Unterricht? Wochenplan und Freie Arbeit organisieren. Verlag an der Ruhr, Mülheim

Neise, K. (1973): Montessori-Erziehung bei Geistigbehinderten. Zeitschrift für Heilpädagogik 9, 737–754

Olowson, A. (1996): Die kosmische Erziehung in der Pädagogik Maria Montessoris. Herder, Freiburg/Br.
Oerter, R.; Montada, L. (1995): Entwicklungspsychologie. Eine einführende Darstellung. 3. Aufl. Psychologie Verlagsunion, Weinheim
– (1997): Montessori aus der Sicht der heutigen Entwicklungspsychologie. In Harth-Peter, W. 1997, 183–202
Oswald, P. (1991): Der anthropologische Ansatz der Erziehungskonzeption Montessoris. Pädagogische Rundschau 45, 111–117

Pasternack, P. (2007): Elementarpädagogik als Zukunftsfeld der Fachhochschulen. In: Fröhlich-Gildhoff, K., Nentwig-Gesemann, I., Schnadt, P. (Hrsg.) (2007): Neue Wege gehen – Entwicklungsfelder der Frühpädagogik. Ernst Reinhardt, München Basel, 12–20
Petersen, P. (1973): Pädagogik der Gegenwart. Beltz, Weinheim Basel
Piaget, J. (1969): Das Erwachen der Intelligenz beim Kinde. Klett, Stuttgart
– (1999): Über Pädagogik. Beltz, Weinheim Basel
Pickenhain, L. (1997): Montessori im Lichte der Neurowissenschaft. In Harth-Peter, W. 1997, 153–181
Praxismappe Freiarbeit, Bd. 1 u. 2 (1989). Verlag an der Ruhr, Mülheim/Ruhr

Raeggel, M.; Sackmann, C. (1997): Freiarbeit mit Geistigbehinderten! Geht das denn überhaupt? Ein Erfahrungsbericht mit Materialsammlung, Übungsbeispielen, Tips und Anregungen. Modernes Lernen, Dortmund
Reich, K. (2005): Systemisch-konstruktivistische Pädagogik. 5. Aufl. Luchterhand, Neuwied
Rousseau, J. J. (1963): Emile oder über die Erziehung. Klett, Stuttgart

Scheibe, W. (1999): Die reformpädagogische Bewegung. Eine einführende Darstellung. 10. Aufl. Beltz, Weinheim Basel
Scheid, P.; Weidlich, H. (Hrsg.) (1977): Beiträge zur Montessori-Pädagogik. Klett, Stuttgart
Schieder, M. (1997): Tätigkeit und Entwicklung. Probleme in der Montessori-Pädagogik aus der Sicht der Schulpraxis. In Harth-Peter, W. (1997) 299–312
Schönberger, F. (1983): Neue didaktische Konzeptionen in der Körperbehindertenpädagogik. In Haupt, M., Jansen, G. W. (Hrsg.): Handbuch der Sonderpädagogik. Bd. 8 Pädagogik der Körperbehinderten. Edition Marhold, Berlin, 52–75

Schulz-Benesch, G. (1977): Über Reden und Schriften Montessoris. In Scheid, P.; Weidlich, H. 1977, 139–145
– (1999): Europäische Internationalität in Wirken und Werk Maria Montessoris. In Ludwig, H. 1999a, 230–247
Skiera, E. (1993): Peter Petersen und die Jena-Plan-Schulen: Unterricht und Erziehung aus dem Geist der europäischen Reformpädagogik. In Winkel, R. 1993, 34–50
– (2010): Reformpädagogik in Geschichte und Gegenwart. Eine kritische Einführung. 2. Aufl. Oldenbourg, München
Speck, O. (2008): System Heilpädagogik: Eine ökologisch-reflexive Grundlegung. 6. Aufl. Ernst Reinhardt, München Basel
Steenberg, U. (Hrsg.) (2007): Handlexikon zur Montessori-Pädagogik. 6. Aufl., Klemm & Oelschläger, Münster Ulm
Steibel, R. (1995): Die Sinneserziehung nach Maria Montessori. Eine didaktisch-pädagogische Einführung. BPB GmbH, Eichstätt
Stein, B. (1998a): Altersmischung. In Steenberg, U. 1998, 9–14
– (1998b): Theorie und Praxis der Montessori-Grundschule. Herder, Freiburg/Br.
Suffenplan, W. (1975): Untersuchungen zur Makroperiodik zu Lernaktivitäten bei 9–11jährigen in einer Schulsituation mit freier Arbeitswahl. Diss. PH. Ruhr, Dortmund (unveröffentlicht)

Vries, H. de (1912): Die Mutation in der Erblichkeitslehre. Bornträger, Berlin

Wallrabenstein, W. (1991): Offene Schule – Offener Unterricht. Ratgeber für Eltern und Lehrer. Rowohlt, Reinbek
Wild, R. (1986): Erziehung zum Sein. Erfahrungsbericht einer aktiven Schule. Arbor, Heidelberg
Winkel, R. (Hrsg.) (1993): Reformpädagogik konkret. Bergmann und Helbig, Hamburg

Zimbardo, P. G. (1995): Psychologie. 6. Aufl. Springer, Berlin Heidelberg New York

Videos und DVDs

Maria Montessori. Der außergewöhnliche Lebensweg einer bedeutsamen Pädagogin. Produktion Ingeborg Hedderich (Video). Zu beziehen bei: Riedel GmbH, Carl-Zeiss-Straße 35, D-72770 Reutlingen, www.der-riedel.de

Europäische Reformpädagogen: Maria Montessori (Video).

Maria Montessori: „Kinder sind anders“ (DVD).

Maria Montessori: „Hilf mir, es selbst zu tun“ (DVD).

Zu beziehen bei: Media-Versand, Felix-Wankel-Str.5
D-97526 Sennfeld/Hafen, www.media-versand.de

Zeitschriften

Montessori-Zeitschrift für Montessori-Pädagogik, hrsg. von der Montessori-Vereinigung, Sitz Aachen (4 Hefte jährlich)

Das Kind – Halbjahresschrift für Montessori-Pädagogik, hrsg. von der Deutschen Montessori-Gesellschaft, Sitz Würzburg

Internet

http://www.montessori.com

Bildnachweise

Abbildung 1 und 2: Nienhuis Montessori International B.V.
Abbildung 3: Anke Zeissmer
Abbildungen 11, 12, 16, 21, 22, 31, 44: Sylvia Kuhl
Alle übrigen Abbildungen in Kapitel 6: Eileen Sahlmann, Susanne Rother, Friederike Ulisch. (Herstellung und Vertrieb der dargestellten Materialien: Nienhuis Montessori International B.V.)

Sachregister